中国旅游业创新和IP发展年度报告

(2018)

CHINA TOURISM INNOVATION AND
IP DEVELOPMENT ANNUAL REPORT
(2018)

中国旅游研究院
驴妈妈旅游网   编著

中国旅游出版社

《中国旅游业创新和 IP 发展年度报告（2018）》编委会

主任委员

  戴　斌　洪清华

编　　委（按姓氏音序排序）

  戴　斌　何琼峰　蒋依依　李仲广　马仪亮　宋子千

  唐晓云　吴丰林　吴　普　杨宏浩

《中国旅游业创新和 IP 发展年度报告（2018）》编辑部

主　　编

  唐晓云　中国旅游研究院副院长

  李秋妍　驴妈妈旅游网副总裁

执行主编

  张佳仪　中国旅游研究院国家旅游经济实验室

  李晓莲　驴妈妈旅游网

编辑部成员（按姓氏音序排序）

  戴慧慧　何琼峰　蒋艳霞　李慧芸　李秋妍　李晓莲

  刘祥艳　马仪亮　唐晓云　杨素珍　张佳仪

序言：旅游 IP，不仅仅是网红

近年来，在洪总的倡导和旅游业界共同努力下，一个名为 IP 英文简称，借助现象级的网络文学、游戏、影视作品和娱乐节目的营销造势，俨然成为投资者和运营商共同关注的显话题。值此文化和旅游融合发展的新时代，总结这些年的探索经验，理性谋划未来的发展方向和提升路径，正当其时。

我们要为网红 IP 提供市场空间，更要传承优秀传统文化，还要为欠发达地区的旅游发展注入新动能。习近平总书记在中共中央政治局第十二次集体学习时发表讲话：要系统梳理传统文化资源，要让收藏在禁宫里的文物、陈列在广阔大地的遗产、书写在古籍里的文字活起来。习总书记的讲话为旅游 IP 健康、稳定、可持续发展提供了指导思想，5000 年文脉涵养的泱泱中华，积淀了从诗经到红楼梦，从兵马俑到故宫，从敦煌到清明上河图等优秀传统文化遗产，这是创新发展旅游 IP 最为宝贵的本底资源。如何传承优秀传统文化，讲好中国故事，提升旅游项目的品质感和获得感，是国家战略，也是产业使命。对此，旅游投资机构和运营商，特别是企业家和研发团队必须要有清醒的认识，不能只盯着网红、流量和外国的综艺节目做文章。

近年来，以故宫为代表的历史文化正在以全新的面目走进公众视野，成为认识、体验中华文化与传播中华文化的新型媒介，甚至吸引年轻人前去"打卡"，并引起了市场主体的广泛关注与竞相仿效。这些IP资源自身具有的国家文化符号和强大市场号召力是极为稀缺的，也是很难简单模仿和复制的，需要以更加开放的视野，挖掘经济社会欠发达地区的优秀传统文化，提高温冷点旅游目的地竞争力。一些日常的生产方式和生活习俗也是旅游业可以利用的资源，如吉林的查干湖冬捕，以其奇特、壮观的场面和神秘的仪式感，被列入省级非遗名录和吉林新八景。还有福建宁德的畲族婚礼、江西婺源的篁岭晒秋等，都是很好的文化旅游资源，可惜"养在深闺人未识"。驴妈妈可不可以导入旅游IP的市场观念和商业模式，以增量激活存量，探索出一条有时代特色的文化和旅游融合之路呢？这个思路也是与世界知识产权组织发起的"知识产权、旅游和文化"项目相响应的。2014年启动的该项目宗旨是将IP确立为一种内生性发展工具，创造性地推动社会发展。

我们要做传统文化的守护者、传承者，更要成为当代文化的创造者和引领者。我们不能只盯着老天爷馈赠的自然资源和老祖宗留下的历史遗产，更应满足国民大众的现实需求，以美好旅游生活为导向，创造承载人类文明发展方向的新内容、新文化、新生活。美国的迪士尼、环球影城和古根海姆美术馆，欧洲的《哈利·波特》《帝企鹅日记》、公共艺术与"白夜节"，日本的漫画、建筑与数字艺术博物馆，韩国的流行文化与消费时尚，不仅吸引了世界各地的文化、休闲和旅游消费者，也对一代又一代人的价值观念起到了形塑作用。旅游业可以把网红IP和传统文化场景化，可以借鉴或引进其他国家和地区的IP品牌，更可以用大数据从旅游市场上发现新需求，用产业化思维推进新时代的文化创造。其实，所谓经典，不过是时间的结果。相信业者今天的努力将会为后人留下历史记忆和文化资源。从这个意义上说，旅游业者有责任，也有能力通过夜间旅游、避暑旅游、冰雪旅游和科教旅游等资源开发和业态创新，以市场的力量推动文化的创造。从国际经验和市场实践来看，只有原创而且经过市场检验的内容，加上与国情、区情和旅情相适应的商业模式，才是旅游IP从网红概念走向文化支撑的沧桑正道。

　　旅游IP要关注短期的流量，更要关注长期的价值，以人的连接为导向，才能成就最好的旅游。知识产权的概念早已有之，为什么近年如此之热？不能不说与互联网和大数据有关。从《花千骨》《琅琊榜》《何以笙箫默》等网络剧的热播，到《仙剑》《步步惊心》等手游陪伴一代人的成长,再到《爸爸去哪儿》《美好食光》等网络平台推动的娱乐节目,既有内容的竞争,也有资本和平台的竞争。有竞争就有指标,下载量、月活量、到达率和打开率等动态指标在传导压力出精品的同时,也会诱导内容生产和营销机构过于关注短期流量。有的作品还没有经过市场检验和时间考验,就匆忙做周边市场开发,结果一时的热闹过后,留给地方和企业的只有食之无味、弃之可惜的鸡肋罢了。如果我们没有文化自信和工匠精神,只是一味跟着潮流走,也许会取得一时的成功,终究不过是随波逐流的浮萍。

值此国民休闲、大众旅游、主客共享、文旅融合的新时代,希望有更多的旅游IP通过优质内容和美好生活来打动人、连接人,稳步培育国际视野、中国风格的市场价值和长久的生命力。油画《开国大典》、歌舞史诗《东方红》、电影《霸王别姬》、话剧《茶馆》如此,黄浦江畔的历史建筑、董竹君女士的锦江饭店、南京路的商业街、陈光甫先生的中国旅行社也如此。我相信旅游市场50多亿人次和5万亿元的消费力量,相信大众创业、万众创新的市场力量,更相信投资机构、研发和创作团队、产品开发、市场推广,特别是旅游运营商是有情怀、有逻辑、有模式,更要有耐心。假以时日,旅游产业一定会培育出更多的驴妈妈、帐篷客等自主知识产权的现象级新产品。

在文化和旅游融合发展的国家战略体系中,旅游业的责任重大。希望同志们在持续满足国民大众对美丽中国旅游梦的进程中，自觉肩负起传承文化、引领文化、创新文化的时代使命，培育优质旅游的全新动能，为建设世界旅游强国而努力奋斗！

戴斌

2018 年 11 月 30 日

目　录

第一章　旅游业迈入创新发展新阶段

一、我国经济迈向高质量、创新发展新阶段 …………………… 3

二、旅游业的高质量发展亟待创新引领 …………………………… 5

　　（一）旅游市场规模稳步扩大 ………………………………… 6

　　（二）美好生活正在成为优质旅游发展新动能 ……………… 7

三、文化、旅游与相关产业的融合需要创新推动 ……………… 7

四、旅游业创新发展的社会条件日趋成熟 ……………………… 8

　　（一）旅游业创新的制度环境不断优化 ……………………… 8

　　（二）文化创意和旅游业的研发投入和创新能力不断加强…… 9

　　（三）旅游业创新的人才基础不断夯实 ……………………… 10

五、旅游业创新发展的技术基础初步具备 ……………………… 11

　　（一）旅游信息化和目的地智慧化为创新提供了技术支持… 12

　　（二）新技术发展正在为更多的旅游业创新提供坚实基础… 12

第二章 旅游业创新发展的动能、路径与模式

一、美好生活正在成为旅游创新发展动能 ················ 15

二、旅游业创新驱动的"新钻石模型" ················ 16

 （一）制度因素对产业创新带来全局性、方向性影响 ······· 17

 （二）市场需求是推动产业创新最重要的力量 ········· 18

 （三）新技术驱动旅游业体系变革性创新 ··········· 19

 （四）资本推进和优化新业态、新产品供给 ·········· 20

 （五）企业家精神推动管理创新、产品创新 ·········· 22

三、旅游业创新的主要模式 ···················· 24

 （一）商业模式创新 ···················· 25

 （二）产品和业态创新 ··················· 26

 （三）业务界面和管理流程创新 ··············· 26

第三章 当前我国旅游业创新发展实践

一、旅游企业创新能力不断加强 ·················· 31

 （一）旅游企业创新能力不断提升 ·············· 31

 （二）"互联网+"旅游企业创新能力突出 ··········· 33

（三）旅游企业研发投入差距大 …………………………… 35

二、分享、共享思想引领商业模式创新 …………………………… 36
（一）攻略社区 …………………………………………………… 37
（二）共享住宿 …………………………………………………… 38
（三）共享交通 …………………………………………………… 38
（四）共享房车 …………………………………………………… 38

三、信息技术主导新产品和新业态创新 …………………………… 39
（一）大数据能驱动产品和业态创新，重构产业格局 ………… 39
（二）大数据培育和扩大新消费市场，实现产品增值 ………… 40
（三）数字技术打造沉浸式体验 ………………………………… 40
（四）虚拟技术冲击游客感官 …………………………………… 41

四、文化、旅游与相关产业融合引领内容创新 …………………… 42
（一）"文化+"助推融合创新 …………………………………… 42
（二）"旅游+"助推融合创新 …………………………………… 43

五、物联网、互联网综合技术推动流程再造 ……………………… 43
（一）管理流程创新 ……………………………………………… 43
（二）管理模式创新 ……………………………………………… 44

六、创新视域下的旅游 IP 内涵及发展 …………………………… 45

七、IP 的内涵与特征 ………………………………………………… 45
（一）IP 的内涵及范畴 …………………………………………… 45
（二）IP 的发展历程 ……………………………………………… 46

（三）互联网时代的IP特征 ·················· 47
　　（四）IP构成的基础 ························ 48
八、旅游IP是排他性的知识资产 ·················· 49
　　（一）旅游IP的排他性 ······················ 49
　　（二）旅游IP是知识资产的创新 ·············· 50
九、旅游IP是知识壁垒的重要组成 ················ 51
十、旅游IP的创新路径 ·························· 51
　　（一）新技术驱动的旅游IP创新 ·············· 51
　　（二）"文化+"主导的旅游IP融合创新 ········ 52
　　（三）资本推动的旅游IP创新 ················ 52
　　（四）企业家精神的旅游IP创新 ·············· 54

第四章　"文化+"主导旅游IP发展实践

一、国外旅游IP的发展实践 ······················ 57
　　（一）IP特色小镇开发 ······················ 57
　　（二）IP主题公园建造 ······················ 59
二、国内旅游IP的发展实践 ······················ 62
　　（一）IP+餐饮 ····························· 62
　　（二）IP+住宿 ····························· 66

（三）IP+景区 …………………………………………………… 69
（四）IP+出行 …………………………………………………… 70
（五）IP+购物 …………………………………………………… 73

第五章　旅游 IP 锻造美好生活

一、旅游 IP 对商业模式的优化 ………………………………… 79
　　（一）轻资产 …………………………………………………… 79
　　（二）差异化 …………………………………………………… 80
　　（三）产业链打造 ……………………………………………… 81
二、旅游 IP 提升服务质量 ……………………………………… 82
　　（一）提升游客体验 …………………………………………… 82
　　（二）提升景区竞争力 ………………………………………… 82
　　（三）促进行业跨界发展 ……………………………………… 83
三、典型旅游 IP 评价及 2018 年度排名 ……………………… 83
　　（一）年度美景 IP TOP10 …………………………………… 84
　　（二）年度美宿 IP TOP10 …………………………………… 85
　　（三）年度美行 IP TOP10 …………………………………… 87
　　（四）年度美购 IP TOP10 …………………………………… 88
　　（五）主题公园 IP TOP10 …………………………………… 89

第六章　旅游 IP 发展展望

一、旅游 IP 持续创新需求旺盛 …………………………………… 93

二、旅游 IP 运营管理不断规范 …………………………………… 94

　　（一）旅游 IP 授权与维权 …………………………………… 94

　　（二）旅游 IP 的长效运营 …………………………………… 96

三、旅游 IP 的跨界融合创新持续发力 …………………………… 96

四、要坚持有理性、有温度、有品质的旅游 IP 创新 …………… 97

第一章

旅游业迈入创新发展新阶段

人类社会在不断地技术和制度创新演进中发展。工业革命以来的科技发展史，同时也是一部旅游发展史。蒸汽机车、火车、飞机、高铁和邮轮等交通工具，互联网、人工智能等先进技术，每一次技术进步都会推动形成新的空间位移形式、新的旅游组织方式、新的产品业态和商业模式，并催生新的商业思想，形成新的劳动分工。当前，旅游业创新发展的社会和技术条件日趋成熟，以技术应用创新为引领，市场、资本和企业家精神多元驱动的创新活跃，推动旅游业迈向高质量发展新局面。

一、我国经济迈向高质量、创新发展新阶段

改革开放以来，我国经济经历了40年高速增长，正进入由高速增长转向中高速增长新常态。党的十九大报告明确指出，"我国经济已由高速增长阶段转向高质量发展阶段"，要着力"推动经济发展质量变革、效率变革、动力变革"。在新常态下，支撑过去快速增长的传统人口红利和资源红利消失，以往以要素驱动、投资驱动为主的发展道路难以为继、亟须改变。

当前，我国经济增长主要动力开始转换，创新逐步成为驱动发展新引擎。党的十九大报告指出，创新是引领发展的第一动力，是建设现代化经济体系的战略支撑。面向未来，我国正以全球视野谋划和推进创新，加强前沿科技布局，完善国家创新体系。实施创新驱动发

展战略，是应对发展环境变化、把握发展自主权、提高核心竞争力的必然选择，是加快转变经济发展方式、破解经济发展深层次矛盾和问题的必然选择，是保持我国经济持续健康发展的必然选择。

在全球创新差异性巨大的背景下，我国的创新能力不断增强。当前，新一轮科技革命和产业变革蓬勃兴起，全球科技创新进入密集活跃期，新产业、新业态相继涌现，正在引发生产力和生产关系的重大调整。科技创新已经成为增强综合国力和国家核心竞争力的决定性因素。过去几年，我国的全球创新指数（GII）持续进步，2016年开始跻身排名前25名，2018年跃升至17名（2017年22名）（见表1-1），创新效率更是连续两年位列第三，各项指数表现也达到高收入国家水平。创新指数排名的快速攀升是我国创新实力提升的反映，更体现了国家经济发展的战略导向。未来，我国将依托创新推动经济基础结构向知识密集型产业发展，多极创新格局即将到来。旅游作为服务业中的优势产业，更需要通过创新来保持竞争优势，在全球产业分工格局中以创新来占据优势。

表1-1　2018年全球创新指数TOP10及中国排名

排名	国家	效率比	效率比排名
1	瑞士	0.96	1
2	荷兰	0.91	4
3	瑞典	0.82	10

续表

排名	国　家	效率比	效率比排名
4	英　国	0.77	21
5	新加坡	0.61	63
6	美　国	0.76	22
7	芬　兰	0.76	24
8	丹　麦	0.73	29
9	德　国	0.83	9
10	爱尔兰	0.81	13
17	中　国	0.92	3

数据来源：世界知识产权组织（WIPO）、美国康奈尔大学、欧洲工商管理学院和2018年全球创新指数知识伙伴联合发布全球创新指数（GII）。

二、旅游业的高质量发展亟待创新引领

当前，旅游业作为对国民经济、社会就业综合贡献均超过10%的战略性支柱产业，未来我国将推动旅游业从高速旅游增长转向优质旅游发展新阶段，旅游经济从"有没有"转向"好不好"。大力推动旅游业提质增效和转型升级，实现高质量发展，打造国民经济战略性支柱产业和综合性幸福产业，是新时代赋予旅游业的重要使命，是满足人民日益增长的美好生活需要的重要途径，也是推动经济发展高质量的重要动力。

（一）旅游市场规模稳步扩大

受市场需求、供给侧改革、政策推动和互联网及高铁技术进步等综合因素影响，我国旅游市场持续繁荣。2000~2017年这18年间，国内旅游市场规模持续高速增长（见图1-1），国内旅游人数年均增幅为11.9%，旅游收入年均增长达到17.0%，远远高出同期我国GDP和社会消费品零售总额的平均增幅。旅游已经成为人民美好生活的重要组成。2018上半年，我国国内旅游达28.26亿人次，同比增长11.4%；国内旅游收入2.45万亿元，同比增长12.5%。从发展速度看，尽管国内旅游人数较2000~2017年11.9%年平均增幅有所放缓，但仍保持了较高增速。

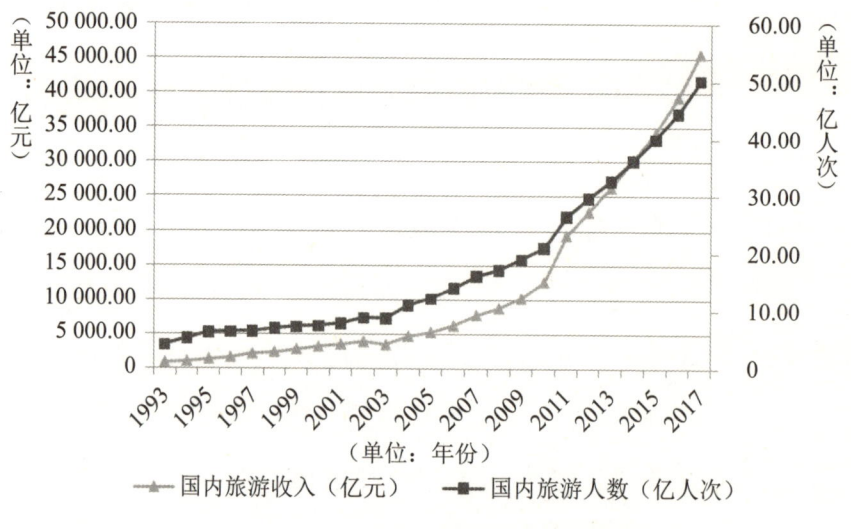

图1-1 1993~2017年国内旅游市场情况

数据来源：《中国旅游统计便览2018》。

（二）美好生活正在成为优质旅游发展新动能

多渠道调查数据和产业面实践表明，旅游消费需求逐渐聚焦美好生活。首先，旅游消费从出门看景转向体验目的地品质生活。其次，旅游消费需求从"有没有"向"好不好"转变。体育赛事、文化娱乐、综合商业体消费增加明显，博物馆、美术馆和文艺演出等文旅融合产品备受欢迎，面向品质生活和时尚消费的新需求不断增强。最后，休闲度假趋势更加明显。根据国内旅游抽样调查资料，城镇居民以休闲度假为动机的出游比例逐年增长，都市休闲、主题公园、邮轮旅游等"泛生活化"和体验性强的细分市场快速发展。"为一间美宿赴一座城""为一顿美食赴一个村"，在旅游消费观念日益成熟的今天，游客在衡量一项服务产品的价值时，已经开始用"值不值"的消费意识替代了以往传统的"贵不贵"的消费意识，游客愿意为优质旅游买单。

三、文化、旅游与相关产业的融合需要创新推动

2018年3月，原文化部、原国家旅游局职责整合，组建文化和旅游部。文化和旅游融合成为现实方向，将带动文化和旅游领域全新升级。首任文化和旅游部部长雒树刚指出，文化是旅游的灵魂，旅游是文化的载体，文化和旅游融合发展是大势所趋、也

大有所为。文化和旅游的融合是大势所趋。据国际权威部门预测,文化休闲、娱乐活动、旅游业将成为移动互联网之后下一个经济大潮,并席卷世界各地。经过多年发展,旅游业已然由卖方市场向买方市场转变,由资源能力向产品能力转变,由标准化产品向差异化产品转变,由客群市场向细分市场演进。事实上,无论是制度,还是市场推动的结果,文化和旅游的融合都给旅游业创新带来了新的路径。在旅游业的产品升级和品质提升中,文化是必不可少的元素。为满足人们日益增长的精神文化需要,旅游也应当自觉承担起这一重任。在产品和服务要素组合上、业态创新上、商业模式上、流程再造上,创新是形成更高品质旅游产品和服务的基石。

四、旅游业创新发展的社会条件日趋成熟

(一)旅游业创新的制度环境不断优化

包含制度、经济、人才等因素在内的旅游业创新驱动的社会条件日趋成熟。从制度因素看,近年来中央及地方政府相继出台政策,从制度层面鼓励各行各业的创新发展。国务院出台《关于推动创新创业高质量发展打造"双创"升级版的意见》(国发〔2018〕32号),指出要深入实施创新驱动发展战略,进一

步优化创新创业环境,增强科技创新引领作用。2017年,国务院办公厅发布《关于推广支持创新相关改革举措的通知》,要求各地在科技金融创新、创新创业政策环境等方面推广改革举措。旅游领域,"十三五"旅游业发展规划明确指出"理念创新,构建旅游发展新模式"。2018年,国务院办公厅印发《关于促进全域旅游发展的指导意见》,对旅游产品创新等给出了细化政策。

(二)文化创意和旅游业的研发投入和创新能力不断加强

2018年3月,最新的《主要科学技术指标》(MSTI)显示,中国的研发强度[①]呈稳定增长趋势,2017年达到2.12%,同期OECD国家的研发强度为2.4%。最新数据显示,中国发明者申请的专利数量在2015年增加了28%,而美国的PCT专利申请者数量连续两年下滑。创新型国家的衡量指标还包括科技创新对GDP的贡献率、研发投入占GDP的比重、文化创意产业发展速度等。从数据看,我国离OECD创新型国家标准仍有差距,国内科技创新对GDP的贡献率仍有提升空间,文化创意产业发展对创新型国家建设有积极促进作用,见表1-2。

---

① 国内研发支出总额占国内生产总值比例。

表 1-2 2017 年中国与创新型国家科技创新情况

类　型	科技创新对 GDP 的贡献率	研发投入占 GDP 的比重	文化创意产业发展速度
中国	57.50%	2.12%	15.20%
创新型国家标准	约为 70%	约为 2%	约为 12%

数据来源：《主要科学技术指标 2017》（MSTI）

（三）旅游业创新的人才基础不断夯实

旅游业对不同类型劳动力都有较大需求。2017 年，我国旅游直接就业 2825 万人，旅游直接和间接就业 7990 万人，占全国就业总人口的 10.28%。《国务院关于促进旅游业改革发展的若干意见》提出要大力优化旅游人才求学成才、干事创业生态环境，增强中国旅游业人才核心竞争力。原国家旅游局通过组织实施"万名旅游英才计划""旅游青年专家培养计划"等项目遴选，开展高端人才培养；通过制定或修订导游管理办法、旅游从业人员标准、旅游职业经理人职业标准等规范人才管理；通过定期组织旅游统计工作培训、旅游教育培训等提升旅游从业人员素质。国家和地方相关管理部门对旅游业的重视，直接促进了旅游人才队伍质量的持续提高。总体上，我国的高校、企业等创新主体的数量和质量不断增长。

2015~2017年我国主要旅游院校人才情况如表1-3所示。

表1-3 2015~2017年我国主要旅游院校人才情况

指　标	2015年	2016年	2017年
高等旅游院校及开设旅游系（专业）的普通高等院校（所）	1518	1690	1694
在校生（万人）	57.14	44.04	40.34
中等职业学校（所）	789	924	947
在校生（万人）	22.60	23.20	24.60
旅游院校总计（所）	2307	2614	2641
在校生（万人）	79.74	67.24	64.94
全行业从业教育培训总量（万人次）	475.4	474.5	586.5

数据来源：中国旅游统计年鉴。

五、旅游业创新发展的技术基础初步具备

信息技术、大数据技术为产品和业态创新打下技术基础。随着信息技术、互联网的快速普及，全球数据增长呈现爆发性、海量性的特点，互联网为各个行业赋能，大量的数据资料得以沉淀，成为一种重要的战略资产。2018年，国务院正式发布《"十三五"全国旅游信息化规划》，明确指出要"推进旅游大数据

运用，引领新驱动"，要"用大数据对游客信息进行关联分析，进一步优化旅游公共服务资源配置"，要"互联互通，强调全域旅游的协调发展"。大众旅游背景下，大数据技术在旅游领域的应用已经在三个方面有了较好的实践，一是丰富游客画像，立足体验推动精准营销；二是创新旅游调研，提高效率提升服务质量；三是辅助旅游预警，追踪变动支撑行业研判。未来，随着大数据技术的不断创新和推广，多方数据资源的深入交互，旅游大数据的应用还有更大空间值得深度挖掘。

（一）旅游信息化和目的地智慧化为创新提供了技术支持

智慧旅游服务覆盖交通、安全、住宿、餐饮、医疗、环保等方方面面，通过技术手段建立健全旅游信息服务平台，促进旅游信息资源共享；通过旅游相关部门信息共享和协作联动，结合旅游信息数据形成旅游预测预警机制，提高应急管理能力，保障旅游安全。目前，智慧旅游还处在发展初期，从建设到完善需要一个漫长的过程，也是旅游业发展关键性的一步，未来将发挥更加积极而深远的影响。

（二）新技术发展正在为更多的旅游业创新提供坚实基础

产业联动、融合发展是时代发展的必然要求，无论是"旅游+""+旅游"，还是"互联网+"，都存在着创新发展的无限可能。

第二章

旅游业创新发展的动能、路径与模式

一、美好生活正在成为旅游创新发展动能

大众旅游、全域旅游新时代，旅游成为人民对美好生活向往的重要组成部分。旅游市场开始呈现出游高频化、需求品质化及旅游休闲化等特征。人民的旅游需要已发展成为更加广泛、更加多样、更加多层的美好生活需要，旅游发展的不平衡、不充分，已成为满足人民旅游美好生活需要的主要制约因素。人民对美好生活的向往，引领旅游发展从注重速度与规模，转向注重品质与质量。游客不再满足走马观花的旅行，更希望深入了解目的地的文化、风俗、饮食、艺术等方方面面，这为旅游创新提供了机遇，成为旅游创新发展的强大动能。

正如中国旅游研究院院长戴斌所说，大众旅游时代的星空是服务品质，是广大游客在深度体验城市过程中的日常获得感。游客更愿意融入目的地公共休闲空间和日常生活场景中去。以年轻游客为例，根据携程发布的2018新青年旅行报告，与中老年人爱跟团看景点不同，90、00后的主题是"假装做个当地人"。他们最乐意参与的旅游体验方式中，占比人数最多的为选择逛集市，占比人数第二多的为选择走街串巷，其他依次还有学做当地菜、参加民俗节日、与当地人闲聊、参加当地夜生活。基于游客的体

验需求，旅游发展需要在扩大游客体验的空间、增加体验服务产品、创造异地生活融入氛围等方面积极创新，通过在服务理念、商业模式、产品设计等方面的创新满足游客的异地生活体验诉求，实现价值最大化。

二、旅游业创新驱动的"新钻石模型"

在新经济增长理论中，资本、劳动力、人力资本以及技术进步是经济增长的内生因素，技术进步更是经济增长的核心，大部分技术进步是市场激励而导致的有意识行为。社会制度结构问题，即权力分配问题，对经济社会发展也有着重大影响。基于新经济增长理论和对旅游业创新的实践观察，将旅游业创新驱动模式归结为旅游业创新驱动的"新钻石模型"（见图2-1）。在旅游业创新体系中，新技术、资本、企业家能力是驱动旅游业创新发展的内生因素，市场需求、制度因素则是旅游业创新的两个全局性影响因素，两者会对技术、资本和企业家能力等都产生影响，五种力量共同驱动旅游业创新发展。

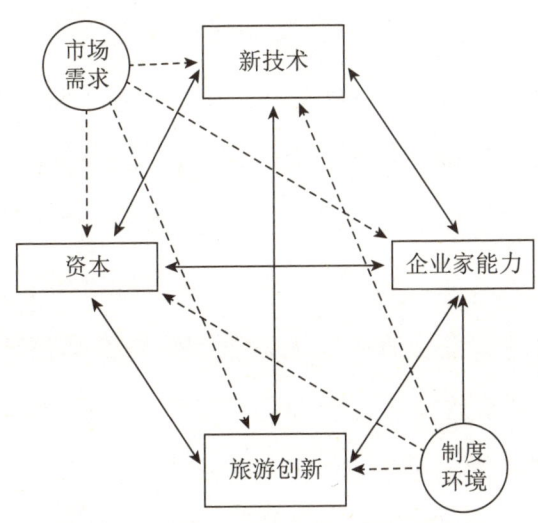

图 2-1 旅游业创新驱动的"新钻石模型"

（一）制度因素对产业创新带来全局性、方向性影响

社会的制度结构问题，即权力分配问题，对经济社会发展有重大影响。制度经济学家 D·诺思认为，在影响人的行为决定、资源配置与经济绩效的诸因素中，市场机制的功能固然是重要的，但市场机制运行并非尽善尽美，本身难以克服"外在性"等问题，产生"外在性"的根源则在于制度结构的不合理。制度对经济活动的影响往往是全局性的、深远的影响。

制度对创新活动的影响主要体现为：一是在国家、行业和地方层面对某个行业、某类型专项旅游产品及业态、旅游目的地、旅游线路的政策和资金支持，包括中央政府部门会在不同阶段出

台文件推动宏观层面的旅游业发展促进政策，如《国务院关于加快发展旅游业的意见》（2009〔41〕号）。这一类型的政策性文件影响往往是全局性的。同时，国家层面也会根据国家战略阶段性需要，推动入境旅游、红色旅游、扶贫旅游、乡村旅游、文化和旅游融合等专项产品，"一带一路"、长江经济带、三区三州、西部地区等特定区域专项旅游发展政策支持；二是在产业技术标准、规范等方面的规定性文件对行业创新的影响。例如，星级酒店、A级景区、国家级休闲度假区、民宿等行业要素标准；三是作为先导性全域旅游示范区的相关规范。如全域旅游示范区、生态旅游示范区等；四是专向资产、专利政策和商标管理等制度对创新的影响。我国对专利、商标等有专门知识产权保护，美国政府甚至对商业模式创新通过授予专利等方式给予积极的鼓励与保护。商业模式专利在美国被归入商业方法（business method）专利类（Class 705），以软件工程为基础，与一定的技术相关是这类专利的一个重要特点。

（二）市场需求是推动产业创新最重要的力量

市场主体是引导产业创新最重要的力量。在一个经济开放体系中，市民有就业、消费和休闲的需求，企业有生产、物流和盈利的需求，员工有收入增长和职业尊严的需求，游客有欣赏美丽风景和分享美好生活的需求。这么多的需求汇聚到一起，就需要政府提供相应基础设施和公共服务。政府在提供基础设施和公共服务的时候，得统筹考虑本地市场和外来游客的现实需求。如果没有广泛的民意认同，没有社会力量的协同，优质旅游就不可能具备持续发展的环境基础。新时代城市旅游发展应当且必须以最大诚意，尽最大努力寻求社会公约数①。随着国人生活水平提高，消费升级带来的游客需求品质化、个性化变革，游客追求更加优质的产品和服务，常规的跟团游、自由行产品已经难以满足客户的需求，定制旅游也顺理成章地成为热点。各大热门旅游目的地开始以更加灵活、更具本地特色、更贴合消费者需求的方式，开发与组合旅游资源，新奇玩法层出不穷，以吸引追求个性化、差异化的年轻消费者。个性化需求加快了旅游边界的延伸。中国游客的足迹已经深入到非洲、南美洲等更加遥远和陌生的小众目的地，他们越来越懂得利用现代科技的力量查找旅行信息，探索未知的世界。

（三）新技术驱动旅游业体系变革性创新

科技创新型旅游企业、旅游产品正在成为投资热点。包括传感技术、计算机与智能技术、通信技术和控制技术在内的现代信息技术正在成为驱动服务创新的重要动力。信息技术所带来的创

---

① 戴斌.共商、共建、共享，优质旅游新格局［R］.在2018中国（郑州）国际旅游城市市长论坛上的演讲.

新是革命性的，它改变了整个旅游业体系和游客组织方式，推动旅游业从传统企业向现代企业升级。以互联网技术、计算机与智能技术为支撑的在线旅游企业的商业模式创新，将旅游预订从实体店面转移到线上，解决了游客预订过程中信息不对称的痛点，加速推动了散客化进程；以传感技术、通信技术为支撑的地图导游、景区导航产品，解决了游客在陌生的旅游目的地自由行走的痛点，推动了自驾游、户外旅游发展；AI、VR、AR等技术与目的地体验环境结合，形成受年轻人喜欢的技术型产品，丰富了产品体系；WiFi技术、即时翻译技术等为出境旅游提供了更多便利；具有自组织能力的区块链技术应用于酒店、航空等旅游分销平台、目的地综合分销系统极可能降低中间预订成本，等等。以信息技术为主体的先进技术，正在从商业思想、商业模式、产品和业态、管理和分销流程上全方位推进旅游业现代化进程。

（四）资本推进和优化新业态、新产品供给

1.旅游新业态是旅游业的新生力量和主力军，是旅游经济的新价值增长点和动力源泉

资本投入有利于旅游新兴产业的快速培育。当前，以市场需求为导向、以新技术为依托的旅游投资不断推进，围绕游客散客化、休闲化、品质化、个性化和体验性分众消费需求，围绕全时、全域、全过程化的目的地新体系，围绕企业规模化、产业链条拓

展、价值链重构、流程优化,展开了系列投资。

2. 以满足休闲化、品质化、体验性需求的长尾市场投资持续发力

以住宿新业态为例,资本投入推进了非标准住宿类产品的迅速推广,景区露营、精品帐篷酒店等获巨额投资,房车露营类住宿快速发展;途家并购蚂蚁短租,发力C2C市场;小猪完成D轮融资,加速打造多样化住宿分享平台。在其他分众领域,文化旅游、体育旅游、探险旅游、邮轮旅游、医疗旅游、科普旅游、研学旅游等多种主题产品不断翻新,周边游、家庭游、夜间旅游等新兴旅游市场产品供给数量和质量有所提升,极大优化了原有单一以景区产品为核心的产品供给体系。

3. 跨界资本推进旅游产品融合创新

近年来,大批非旅游类大型企业不断进入旅游业,跨界资本通过投资用车、OTA、旅游信息、旅游社区、餐饮等多个领域,加速抢占流量入口,完善其旅游业链条,促进了旅游产品种类的丰富和拓展。多行业投资主体广泛介入旅游发展,迎合游客新需求的创新性旅游产品投资逐步增长。例如,BAT(百度、阿里、腾讯)及万达等大型企业纷纷成立体育公司,加速在体育旅游市场的布局,万达投资6.5亿美元收购世界铁人公司,打造铁人三项体育旅游产品;探险游、订制游、邮轮游稳步发展,广东中旅紧跟国家旅游局"旅游+"战略,加强跨界资源整合,先后与白天鹅

酒店集团、皇家加勒比、星梦邮轮、租租车战略合作。在跨界资本的大力支持下，旅游市场供给日益丰富。

4. 并购重组提升旅游服务品质

旅游类企业通过并购、重组、控股等方式延伸产业链条，加快线上、线下整合，进一步优化产品结构，提升产品品质。携程战略投资旅游百事通、上海西翠和连锁精品客栈"久栖"完善线下长途客运站流量入口、住宿和线下接待业务，进一步优化产品组合。同程合并重组万达旅业，加快布局休闲旅游市场，完善线下旅游接待，并通过线上线下资源整合，优化已有旅游产品。百程旅游收购北京景行技术有限公司、广州金色国旅，控股金桥旅游服务公司，收购"完美自由行"APP，布局线下目的地，提升线上系统智能化水平，延长业务链条，为游客提供更加完善、优质的旅游产品。

（五）企业家精神推动管理创新、产品创新

习近平总书记在党的十九大报告中明确提出，要"激发和保护企业家精神，鼓励更多社会主体投身创新创业，建设知识型、技能型、创新型劳动者大军，弘扬劳模精神和工匠精神"。习近平总书记把"企业家精神"和"工匠精神"放在重要地位加以强调，对激发企业家创新创业热情给予了正向肯定与激励。当前，我国正面临经济增长内生动力不足的局面，除了增加有形的要素资源投入外，更需要激发企业家投资潜力和创新活力。企业家善于识别和捕捉市场机会，能够高效组织配置资源要素，提供适应市场需求变化的产品和服务，促进优胜劣汰，可以从根本上解决供需错配矛盾。企业家是创新活动的参与者和引领者，通过建立新企业、创造新模式、运用新技术、制造新产品、开拓新市场，不断提升企业核心竞争力，推动新技术、新产业、新业态蓬勃发展。熊彼特曾说："企业家只有在实际上实现新组合时，他才是一个企业家。"

企业家及企业家精神是旅游企业创新的关键性内部驱动力。企业家是生产要素新组合的实现者，是"创造性破坏者"。企业家通过打破市场均衡，用自己的理念和产品建立新的标准，改变与引领消费者的偏好[①]。企业家精神是企业家创新驱动的力量源泉。纵观国内外旅游史，企业家无不站在旅游发展的最前沿。比如，库克旅行社的创立、迪士尼公园的产生与麦当劳快餐连锁的形成，深圳世界之窗的设立、四川雅安碧峰峡模式以及安徽宏村中坤模式的形成，均离不开企业家及企业家精神在旅游要素新组合中创造性作用的发挥。企业战略和管理是旅游企业创新的另一内部驱动力来源。当具有创新意识的旅游企业将创新作为企业战略的重要组成部分，以此作为获取竞争优势的手段，并形成针对创新活

---

① 李文兵，吴忠才. 旅游创新演进之路：从企业创新到区域创新[J]. 地理与地理信息科学，2015，31（5）：97-101.

动的管理理念与组织文化时，企业的战略和管理将成为旅游企业创新的强大内驱力，以实现旅游要素的新组合。

在企业战略和管理的创新驱动下，企业员工也将成为旅游企业重要的内部驱动力来源。旅游企业员工特别是一线员工，是与游客交往的直接界面，最易受游客行为的激发而产生创新灵感，因而一线员工在旅游企业创新中具有很大的便利优势。

三、旅游业创新的主要模式

服务创新模式可以从创新驱动力、创新维度和创新参与者三个角度描述，相应形成服务创新的驱动模式、维度模式和参与者模式[①]。吴贵生、王毅等认为服务创新与新技术、服务本身特征、新销售方式、新"顾客—生产者"交互作用、新服务生产方法等维度密切相关，并构建了服务创新的四维度模式，对微观产品层面服务创新的关键维度进行识别和整合。旅游服务和产品创新也可以从上述角度来考量。根据旅游服务特征，研究重点考虑从不同创新维度来刻画旅游业的主要创新模式，即从旅游业创新形成的结果，将创新维度分为商业模式创新、产品和业态创新、管理流程和服务传递系统创新几个维度（见图2-2），这些结果是包括技术、资本、市场需求和企业家精神在内的旅游业创新发展重要

---

① 吴贵生，王毅.技术创新管理[M].北京：清华大学出版社，2013：268.

第二章 旅游业创新发展的动能、路径与模式

驱动力发挥作用的结果。此外,还有商业思想创新。鉴于商业思想创新在旅游领域并不普遍,此处暂不纳入模型。

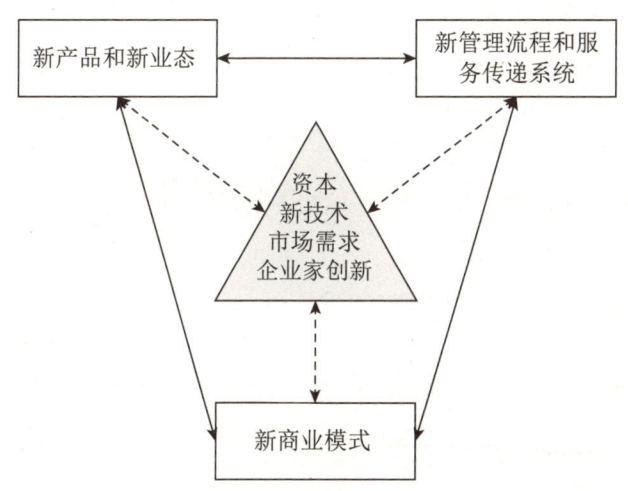

图 2-2 旅游服务创新的多维度模型

(一)商业模式创新

商业模式创新是对企业价值创造的基本逻辑进行创新,其出发点是如何从根本上为客户创造增加的价值,也常体现为服务类型、服务内容及方式、组织形态等多方面的创新变化。例如,如家改变传统酒店模式,以连锁和简化酒店功能的新型商业模式,获得了商务人士的广泛推崇。携程依托互联网构建商户交易平台,将酒店、机票、车票、门票和线路等预订从线下门店移到线上。途家基于共享商业思想,把社会闲置的住宿资源汇集在互联网平台上进行出租,为房客提供丰富优质的、更具家庭氛围的出

行住宿体验，又为房东提供高收益且有保障的闲置房屋分享平台。美国政府甚至对商业模式创新通过授予专利等方式给予积极的鼓励与保护。目前美国最大的在线旅游公司 Priceline 就对其商业模式申请了专利。在中国，商业模式创新占据更加重要的位置，因为我们还存在一个庞大的中低端消费市场，这个市场在绝对意义上说，远远没有饱和，商业并没有得到更广泛普及。

（二）产品和业态创新

产品创新是创造某种新产品或对某一新或老产品的功能进行创新。业态创新是在业态发展进程中，以新的经营方式、新的经营技术、新的经营手段取代传统的经营方式和技术手段，以及由此创造出不同形式、不同风格、不同商品组合的店铺形态去面向不同的顾客或满足不同的消费需求。价值链分解、产业融合是两种产生新业态的主要途径。信息服务业领域出现了众多的新业态，如网络数据中心（IDC）、网络内容服务商（ICP）、电子商务、IT外包等新型服务业态。在旅游领域，业态融合是新业态培育的重要途径。例如，体育旅游、航空旅游、乡村旅游、邮轮旅游等。

（三）业务界面和管理流程创新

流程创新是管理创新的重要内容之一，是具有一定技术性的工作，主要是指技术活动或生产活动中的操作程序、方式方法和规则体系的创新。广义的流程创新，包括各种工作流程的创新，不仅局限于生产、工艺。从"鼠标+水泥"到"拇指+水泥"，即从PC端到移动端的业务界面创新。从管理流程看，携程商旅推出的"全流程"差旅管控，为大型企业提供携程商旅与客户公司的自有系统对接，实现统一管理，便捷服务；对中小企业客户，提供"全流程"产品版本，在原有预订、授权、支付的基础上增加了前端的申请、审批以及后端的报销，打造全面、自助、智能的差旅管理服务。

第三章

当前我国旅游业创新发展实践

一、旅游企业创新能力不断加强

(一)旅游企业创新能力不断提升

课题组对37家旅游类上市企业和2017年中国旅游集团20强企业的专利数据和商标数量进行了统计。据不完全统计,携程旅游网、美团、铁汉生态、华强方特、途牛、海航创新、九华旅游、棕榈股份、海昌海洋和锦江股份位列我国旅游类上市公司专利数量前十强(见表3-1)。2017年,中国旅游集团20强企业中携程、同程、华侨城、景域国际、开元旅业、海航、大连海昌、锦江国际、首旅和黄山旅游等企业专利数量靠前。总体来看,主要旅游集团企业更加重视商标知识产权保护(见表3-2),专利数量拥有量略逊于上市企业。携程是国内旅游企业中拥有发明专利最多的公司,截至目前拥有1194项,其专利总量远远超出其他旅游上市公司和2017年旅游集团20强其他企业。

表3-1 我国主要旅游类上市公司专利数量

序号	上市公司	上市地点	已获取专利数量
1	携程	海外	1194
2	美团	H股	750

续表

序号	上市公司	上市地点	已获取专利数量
3	铁汉生态	A股	277
4	华强方特	A股	263
5	途牛	海外	51
6	海航创新	A股	40
7	九华旅游	A股	36
8	棕榈股份	A股	35
9	海昌海洋公园	海外	33
10	锦江股份	A股	29
11	锦江酒店	海外	29
12	曲江文旅	A股	25
13	卡森国际	海外	24
14	首旅酒店	A股	21
15	同程艺龙	H股（拟）	18
16	黄山旅游	A股	14
17	腾邦国际	A股	7
18	三湘印象	A股	6
19	中青旅	A股	5

续表

序号	上市公司	上市地点	已获取专利数量
20	号百控股	A股	5
21	中国国旅	A股	3
22	岭南控股	A股	3
23	华住酒店	海外	3
24	香港中旅	海外	3
25	长白山	A股	1
26	大连圣亚	A股	1

数据来源：国家知识产权局网站，数据截至2018年11月20日。

（二）"互联网+"旅游企业创新能力突出

近年来随着"互联网+旅游"的融合深入，我国旅游业现代化步伐加速，企业在研发投入、创新能力方面不断加强，尤其是以携程为代表的在线旅游企业的创新能力持续提升。从表3–1和表3–2可以看出，在线旅行商（OTA）、主题公园类企业更加重视创新和知识产权保护，携程、美团、铁汉生态、华强方特、景域国际和途牛等企业表现突出。

表 3-2 我国主要旅游集团公司专利和商标拥有量

序号	企业名称	专利数量	商标数量
1	携程旅游集团	1194	633
2	华侨城集团公司	143	849
3	同程网络科技股份有限公司	80	893
4	景域国际旅游运营集团	72	478
5	开元旅业集团有限公司	52	19
6	海航旅业集团有限公司	40	6
7	大连海昌集团有限公司	33	86
8	锦江国际（集团）有限公司	29	291
9	北京首都旅游集团有限责任公司	21	108
10	黄山旅游集团有限公司	14	95
11	腾邦集团有限公司	7	60
12	中青旅控股股份有限公司	5	440
13	杭州市商贸旅游集团有限公司	4	15
14	中国旅游集团	3	343
15	广州岭南国际企业集团有限公司	3	45
16	山东银座旅游集团有限公司	2	54
17	浙江省旅游集团有限责任公司	1	74

续表

序号	企业名称	专利数量	商标数量
18	上海春秋国际旅行社（集团）有限公司	1	241
19	众信旅游集团股份有限公司	1	47
20	南京金陵饭店集团有限公司	—	61
21	安徽省旅游集团有限责任公司	—	36
22	福建省旅游发展集团有限责任公司	—	40

数据来源：国家知识产权局网站，数据截至2018年11月20日。

（三）旅游企业研发投入差距大

课题组对近71家境内外上市（含新三板）旅游企业的研发投入进行了研究，披露研发投入的企业仅占18.3%，信息披露情况及实际研发投入不容乐观。从披露数据的情况看，我国多数旅游企业的研发投入占营收比例不高（见表3-3）。其中，携程集团研发投入占营收的比例最高，为30.84%。较之境外的主要在线旅游企业Booking、Thomas Cook、TUI Group、JTB等企业，我国旅游企业的研发投入规模和占比相对较小。以Expedia Group为例，公司每年的研发投入占比较为稳定，约9.5%。

表3-3　2017年我国主要旅游类上市公司研发投入情况

企业名称	研发人员数量（人）	研发人员数量占比（%）	研发投入金额（元）	研发投入占营业收入比例（%）
携程	—	—	8 259 232 000.00	30.84
岭南控股	5	0.09	285 117.92	0.0045
宋城演艺	307	17.4	52 888 750.07	1.75
途牛	—	—	541 126 000.00	24.69
云南旅游	27	17.65	17 714 459.47	1.21
差旅天下	41	17.90	5 610 963.68	7.09

数据来源：上市公司财报数据，其中"云南旅游"为2016年数据。

二、分享、共享思想引领商业模式创新

分享和共享思维引领下的旅游发展依托互联网、大数据、云计算等现代技术，实现旅游资源和信息的共享，激活并释放闲置资源，给旅游者的消费观念和旅行方式等带来根本变革。随着人们度假消费升级和度假需求变化，旅游业也随着市场的变化，从传统的、单一型模式转变成为多层次、复合型模式，在共享经济的影响下，旅游业也正从一对多的单向经营迈向共享化的升级之路。旅行资源共享、旅行信息分享已渗透到人们旅行的多个环节中，租赁短期民宿、共享出游攻略、拼团友拼租车等产品正在改

变旅游业，提升游客旅行体验，改变游客旅行方式，也带来了旅游业的重构。事实上，共享思想可以拓宽到旅游业链条、游客出游的各个环节，实现路径可以包括线上和线下，空间上可以是家庭空间、社区空间和外部空间，从而提高要素配置效能，形成多元利益和社交共同体，提高供需双方的幸福感和获得感。共享住宿、共享交通是两个基于共享思想创新的典型范例。

（一）攻略社区

攻略社区本质上是基于分享思想形成的社交平台。大众旅游时代，信息技术和市场需求等因素共同支撑的散客化进程不断推进，为攻略社区的形成奠定了技术和市场基础。在开放的互联网平台上提供个性化的攻略分享社区，在攻略后端构建自由行交易和服务平台、大数据分析服务平台，同时用户又在平台上形成新的攻略，彼此形成以攻略等信息为基础、以大数据技术为支撑、以平台为资源整合链接的自由行交易和服务新商业模式。这一新商业模式运用了口碑和社交平台在服务和产品传播中的重要作用，为自由行游客提供指引和服务。马蜂窝旅游网创新形成的基于社区攻略的新商业模式，以"自由行"为核心，提供全球6万多个目的地的旅游攻略、问答和点评等咨询，以及酒店、交通、当地游等自由行产品及服务。

（二）共享住宿

共享住宿是指以互联网平台为依托，整合共享海量、分散的住宿资源，满足多样化住宿需求的经济活动总和。根据国家信息中心发布的《2018中国共享住宿发展报告》，2017年我国共享住宿市场交易规模约145亿元，同比增长70.6%；参与者人数约为7800万人，其中房客约7600万人；共享住宿平台的国内房源数量约300万套；融资额约为5.4亿美元，同比增长约180%。出现Airbnb（爱彼迎）、小猪短租、蚂蚁短租、途家等一批引领行业发展的企业。

（三）共享交通

共享单车、滴滴出行等共享交通平台的典型。摩拜单车以共享思维引领，以互联网、物联网技术支撑，让人们通过智能手机APP或者微信小程序快速租用和归还共享自行车，解决短途出行。截至2017年10月，摩拜单车已进入全球9个国家的超过180个城市，运营超过700万辆智能共享单车，全球用户超过2亿，每天提供超过3000万次骑行，是全球第一大互联网出行服务。

（四）共享房车

旅游承载着人们对美好生活的期待，在自驾游、家庭游持续高速增长的当下，对于那些想走得更远、时间和住宿更自由的家庭而言，房车无疑是一个好的选择。但对大多数家庭而言，房车无疑是利用率极低的重资产。而另一方面，目前全国有约 10 万台房车的保有量，使用率很低。家驰共享房车运用共享思维，整合全国的房车、房车营地等资源，构建了房车共享平台，颠覆了传统的房车租赁模式，在全国 600 多个城市联营，支持线上订车、智能结算、线下取车、异地还车，同时房车用户还能以优惠价格获得景区 VIP 卡，全国超过 3000 多家的景区享有价格优惠，解决了房车旅游供需匹配问题。

三、信息技术主导新产品和新业态创新

（一）大数据能驱动产品和业态创新，重构产业格局

大数据通过持续地技术迭代和商业创新形成高科技、高附加值的文化和旅游产品。比如数字音乐、虚拟歌手、增强现实等，都已经在文化休闲和娱乐中应用，并将在场景营造、内容创造和商业创新方面，及为消费者提供更多、更好、更新的体验方面发挥更大的作用。对于年青一代的消费群体而言，大数据本身就是内容，而且这些内容还会裂变出全新的消费市场。包括谷歌、百度、电信运营商、地图供应商等大数据生产企业正在为文化休闲、

旅游消费、自主研发和投资运营赋予全新的强大动能。大数据正在重构全球消费与生产、需求与供给、资源与产品格局，也在一定程度上重构文学、音乐、美术、书法的创作方式，甚至舞台艺术空间。

（二）大数据培育和扩大新消费市场，实现产品增值

通过大数据的平台化供给，就会在市场的大地上焕发出新的生机。上海创图公司的"文化云"项目，就是借助大数据平台使得公共文化资源为更多的市场和游客所接受。以美团、大众点评为代表的大数据公司，在服务本地居民的衣食住行和休闲娱乐，带动就业和促进传统产业升级等方面发挥了显而易见的作用。在"文化+""旅游+"的融合发展过程中，富有创业创新精神的文化和旅游市场主体广泛应用大数据、云计算、人工智能等商业技术，把越来越多的城乡居民休闲资源转化成群众喜爱的旅游产品，也让更多的传统旅游资源为城乡居民所共享。

（三）数字技术打造沉浸式体验

数字技术真正实现"无中生有"，创造了身临其境的旅游体验。迪士尼集团在加州和佛罗里达州两座迪士尼乐园建设的星球大战主题乐园中，全新的沉浸式度假酒店被设计成巨大的"宇宙飞船"，所有的窗口都望向"太空"。入住的客人都将被"邀请"

成为星球大战故事中的角色,穿着戏中的服装,完全进入到一个虚构的世界之中,参与各种冒险任务。与他们互动的不会是酒店服务人员,而是各种星球大战里的"不明生物"以及机器人。迪士尼正在超越传统媒体的范畴,最大限度利用其资源和各大IP打造沉浸式体验,而且这种体验不需要任何耳机或者头盔。

(四)虚拟技术冲击游客感官

AR、VR、MR技术正在改变旅游营销和消费模式。VR游客体验、互动娱乐、遗迹还原、游戏开发等一系列智慧营销举措,全力助推文化旅游市场由传统观光向深度体验的转变。2016年,G20峰会文艺晚会《最忆是杭州》第五曲的《天鹅湖》,通过全息图与真正的芭蕾舞演员在天鹅湖的音乐中跳舞,创造了一个颇具现代气息的3D裸眼灯光秀,一个真实的演员,变化出2个、4个、8个演员,让各国嘉宾和全球观众惊叹不已。G20峰会之后,《最忆是杭州》向游客开放,吸引了国内外游客蜂拥而至,再次成为杭州夜旅游的焦点。2018年1月1日,中国的广州动物园VR动物园正式对公众开放。借助虚拟现实技术(VR),公众可以看到平时难得一见的不可思议的动物画面,可以在虚拟世界里与动物进行不可思议的互动。虚拟现实技术正在成为旅游业发展的重要支撑。

四、文化、旅游与相关产业融合引领内容创新

（一）"文化+"助推融合创新

文化休闲、娱乐活动、旅游业是移动互联网之后下一个经济大潮。随着游客需求品质化、休闲化发展，对旅游过程中的文化生活和文化休闲需求势必增加。在新时代全球化背景下的文化复兴和"文化自信"建设，更将带来历史文化、传统文化、民族文化、地域文化、品牌文化等旅游的进一步融合。事实上，当前的旅游市场发展趋势已经很明显地反映出来。2018年国庆假期，经中国旅游研究院（文化和旅游部数据中心）测算，国庆期间，超过90%的游客参加了文化活动，超过40%的游客参加了2项文化体验活动，前往博物馆、美术馆、图书馆和科技馆的游客达到40%以上，37.8%的游客花在文化体验的停留时间为2~5天。国内主要在线旅游平台（OTA）数据显示，10月1~7日文化类景区整体预订量同比增长超过36%，景区门票、文化展演类产品预订量增幅最大。2018年3月，文化部、国家旅游局职责整合，组建文化和旅游部。文旅融合成为现实发展方向，且将带动两大行业全新升级。文旅融合将推动文旅产业走向黄金时代，文旅产业成为未来市场发展的新动能。

(二)"旅游+"助推融合创新

伴随我国旅游业进入新时代,借助"大众创业、万众创新"以及"全域旅游"等政策的指引,旅游创业创新领域的活跃度和关注度持续增长,创业创新成为旅游发展的新动能。跨界融合将是新的发展趋势。旅游的跨界融合可能聚焦于旅游与金融、商务、信息、交通、餐饮等广泛的融合,线上线下双向互动加速,"旅游+互联网"的实体运营(目的地度假酒店、客栈民宿、景区运营等)旅游与生活方式的融合,如休闲与旅游的融合、体育与旅游的融合,伴随人们生活方式变迁带来旅游本身的变革。

五、物联网、互联网综合技术推动流程再造

近年来,随着物联网、大数据、云计算等新技术在旅游业的深入应用,旅游业的精细化管理和个性化服务需求也随之不断提升,智慧旅游的应用使旅游运作、旅游管理和支付方式等发生了巨大变化,加速了旅游业由传统服务业向现代服务业转变。

(一)管理流程创新

管理流程创新往往以互联网、物联网技术为支撑。通过供应链、企业资源管理、在线营销、在线订购等专业化服务系统,为

旅游企业提供基于网络共享的软件和硬件的应用服务。以远海国际旅游集团为例致力于打造大型的旅游资源整合平台，专注为合作伙伴提供系统化旅游资源解决方案。包含为客户的系列团、定制团、FIT 客人等提供目的地旅游资源的解决方案、自有车行的车辆、自有酒店的客房、游轮、旅游信息化、中外交流合作项目解决方案等。远海通过整合目的地资源为游客提供有品质的出境游服务。

（二）管理模式创新

在物联网技术支撑下，物联网管理模式（简称 IOT 管理模式）是政府、企业及其他组织由感知端、传输端、云端和应用端四端协同联动。旅游领域，基于物联网管理模式的系统思维，搭建智慧旅游的公共服务新平台，主要体现在酒店和机票全球预订和管理系统、景区和目的地的智能管理系统等。通过搭建各类旅游机构云、旅游统计云、旅游安全处理云、旅游交通云、酒店专业云、美食专业云、景区专业云、精品线路云、景区天气云、旅游安全云等各种专业子云，整合各项旅游相关业务和专业机构资源，将各类从资源平台处获取的数据进行精确化地分析、整合和共享，就能提高数据的科学性和有效性，为旅游管理者做出决策与服务及满足游客的各种个性化需求提供有力支撑。

六、创新视域下的旅游 IP 内涵及发展

旅游创新需求的关键词包括特色、品质、分享等，对应的创新供给中，从创新动能和创新机制中，都可以看到旅游 IP 的身影。当下，得 IP 者得天下的论断被越来越多的人所认可，IP 的市场价值引发了诸多关注和分析，IP 在旅游发展中承担着非常重要的角色，正在逐渐成为新型旅游时代发展下的核心竞争力。

七、IP 的内涵与特征

（一）IP 的内涵及范畴

IP 是 Intellectual Property 的缩写，意思是知识产权（全称为 Intellectual Property Right）。知识产权是一种无形的财产权，也称智力成果权，它指的是通过智力创造性劳动所获得的成果，并且是由智力劳动者对成果依法享有的专有权利。这种权利包括人身权利和财产权利，也称之为精神权利和经济权利。所谓人身权利是指权利同取得智力成果的人的人身不可分割，是人身关系在法律上的反映。例如，作者在其作品上署名权利或对其作品的发表权、修改权等。所谓财产权是智力劳动成果被法律承认以后，权利人可利用智力劳动成果取得报酬或者得到奖励的权利，这种权

利也称之为经济权利,知识产权保护的客体是人的心智、人的智力的创造,是人的智力成果权,它是在科学、技术、文化、艺术领域从事一切智力活动而创造的智力成果依法享有的权利。知识产权是国际上广泛使用的一个法律概念。

(二)IP的发展历程

知识产权制度是伴随着商品经济的发展而逐步确定并发展起来的一种现代法律制度,最早萌芽于文艺复兴时期的意大利,威尼斯在1474年颁布了世界上第一部专利法,确立了专利制度的基本原则,其影响延续至今。18世纪初,欧洲及北美一些国家相继制定了较完善的知识产权法,此后世界上大多数国家都逐步建立了知识产权法律制度,知识作为一种权益在世界范围内得到了法律制度的承认与保护。

我国知识产权法制建设真正的大发展阶段是从1979年实行改革开放开始的。1982年8月,全国人大常委会审议通过了《中华人民共和国商标法》,1984年3月审议通过了《中华人民共和国专利法》,1990年9月审议通过了《中华人民共和国著作权法》。2017年4月24日,最高人民法院首次发布《中国知识产权司法保护纲要》。2018年9月,中共中央办公厅、国务院办公厅印发《关于加强知识产权审判领域改革创新若干问题的意见》等重要文件,强调"知识产权保护是激励创新的基本手段,是创新原动力的基本保障,是国际竞争力的核心要素"。

(三)互联网时代的 IP 特征

互联网时代,"IP"被标记为独有的、美好的、特别的东西,一个标准的 IP,有着独特的人格化魅力,能够靠着有温度、有态度的优质内容持续吸引用户,并形成一个拥有相同兴趣和价值观的社群,社群能激活用户的参与度,并最终转化为消费。

IP 意味着一种对于打动人心的内容的身份认同,意味着自带势能和流量,自带压强,或者具有足够压强的一种社群商业标签,具体表现为:一是价值点内容。内容作为主流和最广泛的消费品,是超级 IP 成型的有效作业流水线。超级 IP 的核心需要有价值的内容来承载独特的价值观,形成识别度和身份认同,凝聚特定的人群;二是差异化品牌。超级 IP 具有跨媒介的能力,体现在公司宏观经济层面,即差异化品牌的共存。如果将 IP 视为公司的核心,那么这些差异化品牌会呈现出以 IP 为圆心的同心圆分布。品牌和 IP 之间的关系,是"符号"连接,从而解决旧商业时代同一公司多个品牌难共存、互损耗的问题;三是产业链延伸。超级 IP 具有非常好的延展性,强大的跨界能力,基于负成本连接(快速连接、快速造势、有效承接、有效转化)的信任代理模式,价值链是可以无限延伸的。

（四）IP 构成的基础

1. IP 形成以优质内容为核心

移动互联构建的这个加速度时代，信息过剩而注意力必定稀缺。人们每天面对庞大而碎片化的信息，如何在浩繁的信息中吸引到潜在消费者是关键。在注意力极度稀缺的时代，极具"吸睛"能力的 IP 是市场追逐的热点，而"吸睛"的关键就在于原创优质内容的持续输出。以互联网健身应用 KEEP 为例，KEEP 不同于一般的健身和跑步软件，其核心内容产品是累计储存了 600 多个运动课程视频，以及引导用户打卡和分享的社交平台，而分享的过程又诞生了新的优质内容。正是优质内容的持续更新和发酵让 KEEP 创造了仅 289 天用户就突破千万的奇迹。

2. IP 以群体价值观为基础

在过去物质匮乏的年代，我国的 60 后、70 后群体更注重产品的实用性与价格而忽视精神追求，对物质的需求强于一切。在物质极大丰富、信息充分交流的今天，80 后、90 后已经日渐成为消费主流，消费理念上更加趋向于从情景与情感出发，更加注重感官体验和心理认同，IP 的形成必须迎合主流价值观需求。

3. IP 最终成为流量入口

IP 因其自带势能的话题优势、不断衍生及再创造的内容输出、足够差异化的人格魅力形成互联网时代连接消费者的强关系链条，可以自形成强大的流量吸引。IP 是有内容力和自带流量的魅力人格，可通过建设内容和价值观形成强大的流量入口。

八、旅游 IP 是排他性的知识资产

结合 IP 自身特征以及旅游自身特征，可将旅游 IP 定义为：旅游 IP 是指基于旅游资源或旅游地域的独特性，在与旅游要素融合发展的基础上，以游客为中心创造出的具有排他性的旅游知识资产。

旅游 IP 可以是内容、产品、氛围、文化、故事，也可以是任何用来吸引游客的元素，通过旅游 IP 可以在繁杂的旅游市场中准确迅速定位到相关旅游景区或旅游目的地，并为旅游目的地带来游客流量，进而达到提炼旅游品牌、形象，实现价值变现。

（一）旅游 IP 的排他性

旅游 IP 是在旅游品牌进一步发展中，对产品产生极大附加价值的"情怀匠心"特质，这种特质具有排他性。在品牌发展的初级阶段，品牌侧重于产品特性，消费者对品牌的认知是该品牌卖的是什么，而当品牌发展到一定阶段，消费者开始因为品牌去选择产品时，此时的品牌具有完整的人格化属性和情感特征，可等同于 IP，此时的旅游品牌更具人格化、差异化，如何让看不见、

摸不着的情结、情怀实物化，依赖于独居匠心开发和经营，形成独有、排他的优势。

针对当下旅游市场因盲目竞争开发而导致的景区同质化严重、缺乏主题特色等问题，旅游 IP 的强内容力利于聚焦旅游内容引爆点，指导产品特色性开发，依靠其高排他性，赋予旅游产品独具特色的个性主题，符合游客个性化、多样化的旅游需求，提升游客游憩体验感，满足游客的情感需求。

（二）旅游 IP 是知识资产的创新

旅游业的发展，特别是市场主体的创业创新发展到了今天，游客关注的重点正在从批发、零售、代理的渠道整合转向目的地生活方式的内容创新，产业竞争的焦点正在从价格、广告、推广逐渐转向服务和品质。内容、服务和品质很难通过外包实现，单纯走采购的路子又很容易受上游供应商渠道策略调整的影响，这就要求旅游市场主体要想保持行业领导地位，就必须走自主研发的路子，拥有更多的可以商业转化的知识产权，即旅游 IP。

"中国旅游经历了交通革命、技术革命和消费革命三次革命。我们正在面临着四次旅游革命，这个革命有旅的革命，有游的革命。"中国旅游协会休闲度假分会秘书长、世界旅游城市联合会首席专家魏小安分析称，IP 的发展意味着价值创造和价值获取方式的变化，围绕着人员流动的要素流动，形成了效率提升和体验深化。驴妈妈创始人、景域集团董事长洪清华认为 IP 代表着个性、稀缺性、新的流量入口、新的认知，是旅游信任体系的中枢。

九、旅游 IP 是知识壁垒的重要组成

知识获取和技术学习所获得的知识积累是全球价值链下企业升级的必要条件。基于知识流动的角度，领导厂商设置的知识壁垒导致的知识流动障碍是全球价值链下低端锁定的主要原因，其中标准是最常用的知识壁垒之一。对此，可以通过基于同类技术发展的标准战略跨越知识壁垒实现升级。

十、旅游 IP 的创新路径

（一）新技术驱动的旅游 IP 创新

符合社会发展需要的技术壁垒一旦形成，并以知识产权专有性为保护屏障，往往为企业带来最坚实的核心竞争力。它将比资本、市场、渠道、创意、商业模式等所形成的壁垒更加难于突破，更加易于形成知识产权构建的护城河。纵观国内外企业发展历史，能持续发展的企业的背后，往往都是以持续不断的技术创新或者技术应用创新为基础的。迪士尼主体乐园能在全球盛行多年不衰，

对新领域、新技术、新需求的持续不断探索基础上，形成的不断扩充和更新的内容和体验，是非常重要的一个原因。以上海迪士尼乐园为例，飞跃地平线、沉落宝藏之战，以及明日乐园中的极速光轮、巴斯光年、星球大战基地、太空幸会史迪奇等品牌项目，无不是以高科技为支撑的。

（二）"文化+"主导的旅游IP融合创新

优质内容是核心竞争力。大众旅游和分众市场快速发展的时代，品质化、休闲化需求加速增长，游客对文化消费增加。以市场需求为导向，构建文化与旅游融合的消费场景，是旅游IP创新的重要方向。旅游IP开发可借力已有文学、文化等素材，从中汲取灵感，讲好故事。迪士尼十分擅长学习和挖掘历史资源，从世界范围内的经典名著、童话故事乃至神话传说中寻找具备迪士尼属性的IP形象，最典型的代表就是《格林童话》中的白雪公主和来自中国的花木兰等。华夏上下五千年灿烂文明，积累了大量原生态的民间故事、传说和神话，是中国文化当中取之不尽、用之不竭的文学宝库，值得开发的IP有待旅游从业者深入挖掘。

（三）资本推动的旅游IP创新

外部收购是快速实现IP内部化的有效途径。相比较原创和开发，并购可以更快速扩充IP家族。以迪士尼为例，2005年迪士尼收购皮克斯、卢卡斯、漫威娱乐三大影视工作室，制作了《冰雪奇缘》《玩具总动员》《星球大战》《银河护卫队》等深受大众喜欢的系列电影，以电影中的 IP 人物形象及故事情节为基础，在主题公园内修建主题乐园吸引游客入园玩乐，IP 衍生品销售也获得了巨大盈利。2017 年 12 月，迪士尼以总共 524 亿美元收购 21 世纪福斯旗下的 20 世纪福斯影业、20 世纪福斯电视公司、FX 有线电视网与国家地理，以及福斯 30% 的 Hulu 股份、39% 的欧洲电视巨头 Sky 股份等，成为电影史上最大的一笔收购案。在对皮克斯、漫威到卢卡斯的收购中，迪士尼分别建立了在动画、超级英雄以及科幻电影等重要领域的布局，成功占领家庭儿童以及主流年轻消费市场。迪士尼已经拥有庞大的 IP 群及雄厚的影视资源，皮克斯、漫威等优质资产能够壮大其内容实力，丰富完善 IP 群，将更多的 IP 品牌引入主题乐园，源源不断地吸引更多粉丝进行多种途径的消费，完成全产业链的打造。

此外，国内旅游集团也在尝试通过并购策略收获优质 IP。2016 年，万达集团正式宣布以不超过 35 亿美元（230 亿人民币）现金收购美国传奇影业，并购传奇影业的价值并不仅限于电影本身，传奇影业拥有几千个 IP 电影版权，这些将会变成万达旅游业的延伸，增加万达各个产业的协同效果。

(四)企业家精神的旅游 IP 创新

旅游 IP 开发中,企业家的创造力有着重要的作用。在旅游 IP 创新中,景域集团走在了最前端。基于多年积累的行业经验和驴妈妈数据分析,2016 年年初,驴妈妈创始人、景域集团董事长洪清华在业界首次提出旅游 IP 概念,并将 IP 作为企业战略实施。经过近两年时间的探索发展,景域集团渠道 IP、服务 IP、产品 IP 三大类九大 IP 产品相继落地。2018 年,景域集团通过成立 IP 内容事业部、打造 IP100 工程、驴妈妈 IP 系列产品、成立景域 IP 研究院,向 IP 成效年迈进。黄山关麓古村帐篷客破土动工、河南神垕古镇的歌璞酒店已经开业。

第四章

"文化+"主导旅游 IP 发展实践

一、国外旅游 IP 的发展实践

（一）IP 特色小镇开发

国外特色小镇在旅游 IP 开发领域进行了积极尝试，法国戛纳、普罗旺斯薰衣草、格林尼治对冲基金等热门 IP 以其鲜明的特色打造世界闻名的形象名片，成为热门旅游目的地。国外特色小镇 IP 主要以影视、动漫等场景化开发和营销为主。随着人们物质生活日益复杂，人们对精神生活的追求更强烈和多元。成功的 IP 形象可以成为人们情感表达和宣泄的主要渠道，由此积聚大量粉丝，进而获取粉丝经济效应。利用经典 IP 元素进行再加工、包装和营销，从影视、文创、主题活动再到商业地产开发，不断延伸产业链，通过优质 IP 内容带来的引爆力和吸引力带动全产业商业链的消费升级，进而形成旅游持续发展的良性循环。经典电影电视的人物或场景与小镇融合，成为小镇的专属名片。动漫小镇可以算是影视小镇 IP 中较为突出的类型，基于 IP 的动漫粉丝效应可为小镇带来巨大的经济利益。日本作为动漫生产和消费大国，动漫文化成为 IP 的主要源泉。日本的动漫作品通过故事、人物与地域相结合，是日本文化新手法的一种展现，因此被用来作为特色地方旅游资源进行挖掘。通过动漫作品与特定区域风土人情的融合，实现动漫文化与旅游资源的良性互动，日本的旅游动漫IP得到了长足发展。在日本，几乎每一个日本卡通形象都有自己的故乡、档案馆和展映馆，例如，三鹰吉卜力美术馆、京都国际漫画博物馆和柯南小镇等，动漫IP旨在通过专业化的产业链给予游客更多体验服务，具有很强的吸引力。日本动漫旅游业的体系已经较为成熟，产业集聚达到一定规模，产业链从动漫制作方、产品供应商、销售渠道和基础设施服务方，延伸到提供专业培训、教育、信息、研究等支持的政府和其他机构组织，进而为动漫小城吸引人流、物流、信息流、资金流，成为动漫IP小镇经济发展的重要引擎。

名人文化资源作为珍稀的无形资产，成为特色小镇独有的财富资源，形成了小镇IP发展的特殊优势。海外的一些特色小镇充分发挥名人效应，花大力气讲好文化故事，集中力量进行产业发展、打通上下游产业链条形成规模，积累了较多旅游IP运营的经验。例如，在埃文河畔斯特拉福德小镇，文学巨匠莎士比亚就是一个具有影响力的超级IP，小镇上莎翁的五幢故居和一座剧院成为重要的旅游观光点和文化产业链核心。在皇家莎士比亚剧院，每天上演原汁原味的莎士比亚戏剧经典片段，容纳1500人的剧院全年座无虚席。莎翁小镇上大到建筑小至生活用品，印着莎士比亚的头像随处可见。据统计，每年大概有400万游客从全球各地汇聚莎士比亚小镇，来瞻仰、纪念这位伟大的剧作家和诗人。将名人IP融入小镇发展，形成全产业链发展需要从两方面着手，一方面，要充分挖掘名人的作品、思想、生平履历等，保证名人形象的真实、全面和特殊性；另一方面，要将名人的生活点滴、成果思想等与小镇方方面面进行融合，成为小镇发展核心要素，将名人IP效应全面发挥。围绕历史文化名人产生的商业价值，可以在不同领域进行开发，构成相互交织的文化产业链，形成商业模型。

（二）IP主题公园建造

2018年5月17日，世界主题公园权威研究机构美国主题娱乐协会（TEA）与第三方旅游行业研究及咨询机构美国AECOM集团联合发布了2017年全球主题公园调查报告。全球TOP10主题公园运营商表现出色，入园人次增速达到8.6%，中国市场入园游客增长将近20%，入园游客人次也已经占据全球TOP10主题公园的1/4。传统的主题公园三巨头迪士尼、默林娱乐和环球影城依然保持稳定增长，并且牢牢占据前三。迪士尼在过去一年中表现强势，增速从去年的0.7%跃至6.8%，吸引了大约1.5亿人次的游客；默林娱乐以6600万人次依然位居第二，增幅则扩大到了7.8%；环球影城的表现相对稳定，以4.4%的增幅，4945.8万人次保持第三。

在主题公园发展中，IP发挥了至关重要的作用。迪士尼、环球影城纷纷将各自的经典 IP 融入主题公园。成功的主题公园，其 IP 运用不是简单地将电影中的故事和场景照搬照抄，而是在深入理解电影的世界构架基础上，汲取 IP 的精髓，将所有要素打散、重组、整合。具有优质体验的主题公园中，其 IP 建设的重点不是故事情节，而是故事世界的营造。主题公园需要依靠 IP 来获取更大流量，但与 IP 的融合过程并不是一帆风顺，存在困难，需要磨合，以下列举主题公园巨头在 IP 运用中的成功经验。

"星球大战"主题公园的项目创意总监斯科特·特罗布里奇表示，景点开发人员不能将一种格式（电影）粘贴到另一种格式（主题公园）上，并期待有好的结果。相反，IP 必须被分解并以适合访问者体验的格式重新构建。IP 的成功运用，就是将故事或创造性工作的精髓发挥到极致，了解它的 DNA，然后找到最好的方式，通过独创性的媒介来表达 DNA。

在传统的主题公园运营中，所有的景区布置、活动展演都是以自我为中心，而不是以游客为中心。游客只是旁观者而非主角，只可以观摩表演却无法融入，因此无法得到身临其境的体验。为了转变这一局面，现代主题公园运营在转换角色方面下足了功夫，以星球大战主题公园为例，公园的所有投入都是为了改变角色，建造者致力于将星球大战带到现实世界中去，不仅仅是再现电影系列中的著名场景，而是创造一种全新的、独特的星球大战，让参观者置身于身临其境的故事的中心。例如，根据迪士尼公司的说法,《星球大战》将会把客人送到一个前所未见的星球——一个遥远的贸易港,以及"荒野"之前的最后一站。这里将有两个标志性的景点:一个是允许客人控制千年隼号,另一个是让客人在第一秩序和抵抗组织之间的宏伟战斗中处于中间位置。星站的主题公园建设更像是创作一个宇宙,布置并介绍新的故事、人物和地点,并在这些故事中包含游客,游客乐意参与其中。

同时,主题公园 IP 的运营需要建立在深刻理解和尊重原著的基础上,寻求原著本色与现实差距的平衡。环球影城的特色主题公园(包括哈利·波特魔法世界、蜘蛛侠惊天冒险、变形金刚、金刚:骷髅岛等)建设中,充分贯彻了"尊重原著,求同存异"的精神。环球影城创意公司的高级副总裁蒂埃里·奇利指出:"超越传统的界限向游客提供前所未有的沉浸式体验,才能让运营商保持领先的地位。我们必须提供给游客远超他们在其他乐园所能发现的身临其境的体验。你可以使用像 VR 或 AR 这样的技术,但没有什么比让你觉得完全穿越到另一个世界更重要的了。这不仅仅是激发基本的感官,比如触觉和听觉。"以哈利波特魔法世界主题公园为例,建造者充分研究了作者 J·K 罗琳在原著中描述的每种感觉,当你最终品尝到黄油啤酒时,它就像是一种把一切都融入你的世界里的系统,在其他任何地方都找不到。对于魔法世界与现实社会之间的各种差异,建造者在每个细节都进行了调整,努力贴合原著中翻转巷、啤酒屋、宿舍的细节特征,既要保证主题公园的正常运营规则有效执行，又可使游客体验魔法世界自由灵活的生活方式。

此外，主题公园的受众不仅仅是粉丝群体，还应面向更广泛的人群，努力让没看过相关电影或著作的人迅速融入环境获得沉浸式体验。这就必须确保有一个非常有说服力的故事和具有让人沉浸、吸引人的环境。例如，1999年《蜘蛛侠》所有的电影都还没有上映过，主题公园不得不改造蜘蛛侠，把故事以一种不曾存在的方式带入到现实生活中来。不管是不是粉丝，当蜘蛛侠在游客的车上跳上跳下，这段惊喜的旅程必将吸引所有的人。

二、国内旅游IP的发展实践

（一）IP+餐饮

中国人对"吃"历来十分讲究，美食不单成为一个旅游目的地的标签，伴随着消费升级与消费观念的改变，美食更成为游客去旅游的重要原因之一。尼尔森数据显示，中国消费者在生活节奏和消费节奏加快的同时，也更愿意在餐饮和旅游度假方面花费更多的钱。中国旅游研究院和马蜂窝旅行网联合发布的《2017全球自由行报告》显示，2017年境内旅游餐饮消费增长201%，境外旅游餐饮消费增长14%。中国游客在旅游时展现出了对美食的狂热，比如，为了一顿正宗的老火锅去成都和重庆，为了一道冬阴功去泰国，为了一顿正宗的怀石料理可以飞去日本，等等。旅游企业也纷纷加码旅游餐饮的细分领域。《旅游，得IP者得天下》中提道："味道的记忆是最诚实与长久的，用味蕾感受来记忆城市是中国游客最为独特的旅游方式之一。"在此趋势下，美食如何成为超级IP，值得深入探讨。

1. 餐饮场景IP

通过对食材、做法、用餐环境等餐饮环节的雕琢和营销，形成特色主题化的餐饮IP，可以快速吸引人注意，提高游客购买和体验欲望，强化游客的认知辨识度，达到事半功倍的IP宣传。2016年，上海迪士尼盛大开业，乐园内的众多餐厅设计大多从动画电影中汲取灵感，精选经典片段来设置主题场景，将游客带入经典情景之中实现独一无二的就餐体验。除了直接利用电影经典主题，迪士尼还设置了多种不同的场景主题，使迪士尼乐园的这些餐饮设施本身也成为游玩和体验的一部分，打造餐饮沉浸式体验。比如在"宝藏湾"园区的"巴波萨烧烤"，供应的是和"海盗"主题相关的海鲜、烧烤类产品，例如，烤鱿鱼配上海菜饭和烤猪肋排。原本普通的食物通过造型设计、菜名变化等贴上主体化标签后瞬间升值，极大地提升了餐饮业绩。

2. 餐饮服务IP

很多人提到餐饮服务，就立刻联想到海底捞的人性化服务。

"服务至上、顾客至上",这朴实的八个字使得这个发源于四川盆地中的火锅品牌蜚声中华乃至海外。海底捞免费区提供的零食迄今仍是全国数一数二的,各种水果都是最新鲜的还包甜,爆米花的味道也丝毫不比电影院的逊色甚至更好,等累了,女顾客可以去做个美甲,男顾客可以去擦个皮鞋。从吃饭到离席,服务员都会在你周遭忙上忙下,哪怕消费一块钱也能享受到 VIP 一般的服务,甚至你上个卫生间,在你关上门的那一刻之前,服务员的贴心服务都不会终止。海底捞的服务总是让人意想不到,因此总能带给人们惊喜。2003 年非典期间,人们避免出行,市面上一片萧条,门市餐饮进入寒冬,海底捞迅速反应推出了外卖服务,并且为广大顾客提供了强大的有偿外送服务,如果有需要,享用火锅期间外送员可以全程提供服务,用餐完毕、收拾妥当后撤离,让顾客在家就能享受到店里一样的五星级服务。正是基于这样的服务理念和标准,海底捞熬过了非典的艰难时期,保持了正常运营和盈利,也成功打响了海底捞服务 IP。数十年的运营发展中,海底捞通过"变态好"的服务成功地从四川简阳出发,先后登陆全国 21 个城市,国内直营的餐厅总数近百家,并成功地在新加坡、美国两个国家开设了海外直营店。

3. 主题餐厅 IP

近年来,餐饮和动漫、游戏、影视周边衍生品的复合体,成了 IP 延伸拓展的主流方式。据阿里巴巴旗下"口碑"联合第一财经商业数据中心发布的《2017中国餐饮消费报告》显示，IP跨界餐饮已成新风潮，经营者通过借助IP形象自身积累的影响力和粉丝群体，开设IP主题的餐厅或者餐饮复合衍生品零售中心。这些餐厅在北、上、广、深等城市不断出现，为了真正发挥IP的效用，选择多个经典IP组合、提高顾客消费体验、拓展多种经营方式等都成了跨界餐饮经营的主要手段。Hello Kitty、海贼王、布朗熊和可妮兔等这些耳熟能详的IP纷纷闯入餐饮界，吸引了一大批精准的客户群体。布朗熊和可妮兔主题餐厅，除了餐厅，还开出了布朗熊和可妮兔专卖店，通过打造衍生产品来吸引越来越多的粉丝以及消费者的眼球。随着90后、00后等消费的新生主力崛起，一些餐饮品牌开始用年轻人喜欢的微信、微博等社交媒体交流方式建立新的品牌形象。

4. 自创品牌IP

餐饮品牌越来越多，消费者对于品牌的辨识度也越来越低，以"文化+"的方式自建品牌IP对于餐饮品牌尤为重要。同道大叔是凭借星座吐槽，以微博签约自媒体起家的。很多人对于同道大叔的印象是：头顶着一撮毛、眉毛和鼻子连在一起，嘴巴周围长满了胡渣的漫画形象。2016年9月，同道大叔的咖啡馆在上海开业，即使很多消费者对于同道大叔咖啡馆的饮料和甜品的味道的评分不高，但是也丝毫不影响咖啡店的火爆。这些火爆都离不开大叔的其他产品，比如各类星座公仔、抱枕、钥匙扣和化妆包等。据了解，咖啡馆的餐饮区域基本上要排队15~20分钟，周末会超过30分钟，高峰期还会采取限流措施。同道大叔咖啡馆事实上针对喝咖啡主体人群的偏好，将日常的星座吐槽系列漫画、12星座卡通形象设计，还有图书、话剧以及动漫展览等作品与咖啡场景融合为一体，是针对主体市场以"文化+"融合形成生活化、社交化咖啡馆场景的典型。

（二）IP+住宿

1. IP 酒店

消费升级和IP赋能正在为传统酒店产业带来新变化，在国内主题酒店激烈竞争中，IP酒店凭借服务和运营优势不断涌现，迅速扩张。亚朵酒店在IP酒店的开拓之路上做出了积极尝试，立足丰富游客住宿体验，抓住年轻人关注和需求热点，成功打造差异化优势，实现了市场扩展。"亚朵·吴酒店"通过与吴晓波跨界合作，开启了IP酒店和社群酒店的先河演化。亚朵与百老汇沉浸式戏剧《Sleep No More》合作，为莎士比亚戏剧爱好者打造了THE DRAMA戏剧主题酒店。亚朵牵手网易严选，开辟了电商与人文酒店融合的新消费体验空间，实现"所用即所购"。亚朵先后与马蜂窝、虎扑、同道大叔、日食记、知乎等IP联手，打造了快闪店"旅行人格酒店"和"亚朵奇妙夜快闪店"，尝试"连接无线可能"。之后，亚朵又与知乎合作，融合"知识+酒店"的全新空间，为年轻群体和中产人群构建更具人文感和沉浸感的旅行住宿环境。亚朵酒店对 IP 的选择追求高品质、高效率与高溢价的特质。基于这一原则，在经济型酒店市场的激烈竞争中，亚朵成功实现了差异化发展路径，在酒店领域占据一席之地。

安吉帐篷客酒店主打"野奢"概念，形成独有的 IP 风格，在中国酒店业整体不景气的大环境下，成功实现了平均房价逾 3000 元、全年平均入住率超 90%、节假日需提前 1 个月预订逆袭。野奢 IP 最早源自非洲帐篷酒店，其被视为顶级野奢度假体验，即使价格不菲仍受到资深的酒店控们追捧。国内的"野奢"潮流由安吉发起，在自驾游兴盛的时代，安吉帐篷客选址在自驾游最密集的半壁江山之中，软件和硬件同时发力，不断创新服务和产品，维护差异化优势，成为名副其实的旅游"微目的地"。通过创造"重环境、轻建筑、精布局、玩风情"的全新度假业态，将原本不是旅游目的地的溪龙乡打造成高端度假客趋之若鹜的地方。安吉帐篷客多次与法拉利、凯迪拉克、奥迪等品牌跨界合作，共同传达生态野奢的生活方式，既让游客享受野奢酒店的独有旅游资源，满足个性化出游需求，也推动安吉县的旅游形象从传统的观光旅游目的地提升为高品质的休闲度假地。安吉帐篷客的热度也带来了安吉白茶的"抢购潮"，将地方小众经济特产推向全国，安吉白茶价格一度飙升至每斤上万，引发茶商争抢。

2. IP 民宿

住宿分享自身就是主打个性化房源,但是如何将个性化和特色化发挥到极致,打造基于房东和房源的住宿 IP,吸引或构建粉丝社群,甚至使房子本身成为旅行目的地,是住宿分享可以探索的方向之一。近年来,民宿网红不断涌现,无锡拈花湾客栈可以算是文旅 IP 的经典案例。灵山小镇·拈花湾是世界闻名的禅意旅居度假目的地,经过多年建设维护,已经成为融旅游、观光、住宿、度假、体验于一体的旅游度假综合体,通过禅意文化与旅游资源的水乳交融,开创了特色文化旅游的新市场,率先打造禅文化特色小镇。基于禅文化精神和禅意风格指引,拈花湾客栈使用原木和棉麻材质,处处隐喻东方美学的质朴。每间客栈独有一个禅意主题,每个主题都有一个禅意故事。2016 年,拈花湾的客流量为 148.7 万人次,当年门票收入为 7675 万元,而住宿餐饮等二次消费收入达到了 1.31 亿元。在二次消费收入构成中,酒店住宿收入占比 98%。目前,国内知名民宿 IP 的集群化趋势初见端倪。2017 年 5 月,由莴舍、大乐之野、过云山居、Kanra 紫一川、千里走单骑 5 家民宿界超级 IP 发起的民宿集群战略,民宿集群可以更好地争取政府扶持,获得项目、土地、政策等支持,吸引更多投资者的关注,提升投资者信息。

（三）IP + 景区

旅游景区 IP 赋予旅游景区独特的性格特点。旅游景区 IP 以其个性化和稀缺性成为破除景区同质化困境的有力工具。

1. 经典景区 IP

人文景区中的 IP 发展，可通过融入现代生活方式转化为商品以及商业模式。以故宫为例，一部《我在故宫修文物》的纪录片，让故宫这个传统景区成为网红，激发了青年游客的观赏和购物热情。目前，故宫博物院开发的文化创意产品达 9170 多种，其中在 2013~2016 年期间，故宫博物院研发的文化创意产品就已累计达 1760 种。与此同时，故宫不断开发优秀的数字作品，依托端门数字馆、奥林匹克塔数字影院以及不断开放的故宫数字展厅，实现观众预约观看。通过 VR 影片、数字互动装置的实景再现，让观众在整体上感受故宫文化的震撼，从细节上体会故宫文化的深度。故宫"IP+ 文创 + 协同生产 + 电商 + 体验空间"模式，成功摆脱门票依赖。自然景观中，黄山是巨大的美景 IP。黄山旅游通过精准实施外延扩张打开成长新空间，"一山、一水、一村、一窟"的全新战略布局，先后与黄山区政府、京黔公司分别签署了"太平湖项目"和"宏村项目"的合作框架协议，拟合作开发黄山周边的太平湖景区、宏村景区、南屏景区及宏村阿菊等优质旅游资源。黄山"小黄子"IP 发布，积极践行"游客为本服务至诚"的旅游行业核心价值观,强化黄山品牌,拓展服务领域,提升服务水平,使志愿服务成为大美黄山的崭新名片。

2. 新兴景区 IP

近年来,新兴景区 IP 加速发展。以袁家村为例,袁家村的 IP 核心,不是关中印象体验地,而是关中小吃体验地。现在一提到袁家村,首先想到的是小吃一条街,游走在小吃一条街,随处可见"农民捍卫食品安全"的主题口号,随处可见业主赌咒发誓原材料安全的告示。食品安全,成为袁家村小吃的核心吸引力。袁家村按照以"三产促二产强一户"的思路,分别在西安银泰中心、赛格等 CBD 先后布局了 8 家小吃店,已经开张的 5 家店每天一座难求,生意火爆,每天每店的接待量高达数千人。在每一家城市店,"农民捍卫食品安全"的标识仍然醒目可见,在对食品安全的解读中,袁家村定位的原生态和有国家标准的有机概念区分开来。餐饮是袁家村吸引客源的手段,但并不是终极目标。袁家村通过日益成熟的 IP 优势所带来的流量,打造了具有高信誉度的线下平台,用于推广更多、更好的陕西农副产品以及区域文化。通过创造一种全新的体验流程和空间,来"售卖"所有这个过程里可以发生的商品。

(四)IP+出行

随着经济社会的发展、人民生活水平的提高、道路交通基础设施的日益完善，自驾游已经成为城镇中产阶层首选的假日出游方式。统计数据显示，目前我国民用轿车保有量超过 1.2 亿辆；2017 年全国机动车驾驶人达到 3.85 亿，比 2016 年增长 7.9%。各类汽车俱乐部约 3 万家；自驾游俱乐部约 3200 家；自驾游比例已近 60%，预计"十三五"末期可达 70%，按照 2017 年国内旅游 50 亿人次来测算，这是一个巨大的市场体量。自驾游作为一种新的出游方式，以其便利化、灵活度、舒适性等优势为游客带来个性化的旅游体验，深受广大游客特别是年轻人和家庭游客喜爱，是一种时尚的出游选择。

1. 公路自驾

我国具有独特自然风景资源和文化旅游资源的公路并不在少数。晴隆二十道拐、独库公路、丝绸之路、茶马古道、唐蕃古道、318 国道等人所众知。目前，全国公路总里程已达 470 万公里，全覆盖了城市、乡镇和建制村，高速公路里程突破 13 万公里，位居世界首位。受益于移动通信、大数据和卫星导航技术的广泛应用，沿线的服务区、加油站、餐饮、住宿和购物设施基本能够满足公路旅游的通行需求。保险、救援等商业保障，公共安全、司法与行政救济体系的日臻完善，让自驾旅游者后顾之忧越来越少，说走就走，放心出游成为现实。318 国道作为中国最著名的公路，从上海到拉萨，串联了沿途 5476 公里的丰富而独特的旅游资源，是当之无愧的"中国人的景观大道"。正如中国旅游研究院院长戴斌所说,"这是一条有旅游资源密集的品质之路。这是一条承载国家记忆,彰显国家形象的国民公路"。在可以看到的未来,318国道这条国民公路必将成为全世界自驾爱好者的朝圣之旅。有"新疆最美的公路"之称的独库公路,全长561公里、连接南北疆的公路。横亘崇山峻岭、穿越深山峡谷,连接了众多少数民族聚居区,沿途风景从古龟兹王国所在地库车向东北方向沿国道217线前行,独库公路就开始一层层剥开它的神秘,堪称是中国公路建设史上的一座丰碑。

2. 环湖骑行

随着体育旅游的兴起,千岛湖将湖光山色与户外运动结合,特别是环湖骑行路线,成为自行车爱好者的最爱。以千岛湖为例,千岛湖自然环境得天独厚,吸引了众多户外运动爱好者。当地政府通过修建沿湖公路和自行车绿道,吸引了众多的自行车赛事落地。趁着周末假期,都市人开启"4+2"(4个车轮+2个自行车轮)户外旅行模式到千岛。沿着千岛湖一路骑行,沿途路标清晰,绝色美景尽收眼底。一路上都是深厚文化底蕴之地,境内有朱元璋亲钦的"金鸡凉亭"和"王室宗祠",还有芹川村古民居等历史和文化景观。不同的骑行路线,沿途风景也不一样,环城中湖线路可以基本领略千岛湖镇风貌,而城市景观飘带绿道则可以体验城市中的休闲时光。在千岛湖,上到五星级酒店,下到特色农家乐,已构成一个完整度假体系。

(五) IP + 购物

当下，伴随消费升级我国逐步进入消费场景化的时代，越来越多的购物中心喜欢引入各类 IP 吸引消费者，利用 IP 拥有的大量粉丝及自主产生话题，实现商业变现。围绕着消费行为、消费趋势变化而产生的运营方式的改变，运营在购物中心的成长过程中逐渐变得越来越重要。打造并用好 IP，增加顾客的交互度和黏性，商业模式才会被反复打开，从而获得巨大市场和盈利。

1. 购物中心 IP

购物中心引进各类 IP 进行主题展渐成潮流，不管是动漫 IP、影视 IP、艺术 IP 抑或其他 IP，都能吸引到特定群体，都能在短期内提高商场话题度并为其带来更多客流。2015 年以来，大悦城、凯德、太古、华润、龙湖等名企纷纷加入 IP 商业化大潮，引进的 IP 种类也是花样百出，来自商业地产云智库的一组数据显示，在最受购物中心欢迎 IP 主题展 TOP50 的统计中，动漫类 IP 和电影类 IP 占据了 78%。同时，越来越多的购物中心专注于让自家的 IP 形象"走出去"。凯西兔是武汉凯德·西城为自己量身定做的 IP 形象，通过兔洞自由穿梭于时间和空间的凯西兔，像探险者一样喜欢发掘宇宙中有趣有料的事物，在凯德·西城的正门、装饰墙、主次动线、停车场都能看到它的身影，前来逛吃的顾客必定与它拍照合影。青岛凯德 MALL·新都心的自创 IP "蜜罐熊"，对于青岛市北乃至全市来说，都已经成为独特而重要的存在。动物形象IP在电商平台与品牌应用中更为广泛，比如天猫商城的"猫"、京东的"狗JOY"、苏宁易购的"小狮子"、三只松鼠的网红松鼠"小美、小酷、小贱"等。在电商与线下实体掠夺客流的大战中，高辨识度的电商品牌形象与便捷的购物模式让电商在一段时间内处于领先地位。

2. 故宫文创IP

故宫博物院通过转变发展思路，从"故宫商店"上升到"故宫文化创意馆"。这不仅是名称的改变，更体现出故宫文化创意产品设计和营销思路的转变。故宫博物院院长单霁翔表示："博物馆的文化创意，要跟着人们的生活走。设计生活化且包含中华传统文化元素的文化创意产品，让文物藏品更好地融入人们日常生活之中。我们的团队研究人们走向小康社会的生活形态和需求，比如碎片化的生活如何利用，用什么样的手段接受信息，这些都在不断进步。而文化创意产品要接地气，融入生活中，否则就会被束之高阁。"故宫文创开启了立足现代生活的产品研发之路，例如，手机壳、电脑包、鼠标垫、U盘等用品兼具文化特色和实用性，一经上市热销不断，后来陆续开发的朝珠耳机、宫门箱包、"故宫猫"系列产品等成了爆款。故宫博物院先后与阿里、腾讯、凤凰网等互联网巨头达成了合作。故宫博物院与阿里巴巴合作，在天猫开设了官方旗舰店，旗舰店由文创、出版、门票三大板块组成。故宫还与年轻人的偏好链接，引入瑞幸咖啡（Luckincoffee）。时至今日，当我们走进故宫的时候会发现，在故宫的游览人群当中年轻人越来越多。拥有了年轻人的市场，故宫在传统优秀文化传承与现代文化交融的过程中就有了强大的支撑力。

第五章

旅游 IP 锻造美好生活

一、旅游 IP 对商业模式的优化

旅游 IP 运营是以用户需求为基础，经过系统设计的、全方位的、持续创新和不断完善的发展过程。旅游 IP 的发展逻辑以内容获取用户关注和信任、以信任传递产品理念、以理念巩固用户忠诚、以用户忠诚度为流量变现。为保证 IP 流量的持续，需要通过创新不断促进产业链延伸，以产业链延伸不断发现和完善内容，由此形成 IP 运营闭环。通过旅游 IP 的运用，可以实现对商业模式的优化。

（一）轻资产

轻资产运营是一种以价值为驱动的资本战略，是网络时代与知识经济时代企业战略的新结构。在运营模式上，传统旅游是依靠基础设施投资打造景区景点，通过景观等硬件运营获取收益，而 IP 旅游则是以文化内涵形成的品牌优势为核心，通过文化创意转化为文化附加值以此谋求经济效益和社会效益。旅游 IP 的发展有利于旅游商业模式向轻资产方向转变。旅游 IP 已经由单一的"知识资产"进化为多元化链接平台，互联网、物联网等先进技术让传统实体商业模式快速瓦解，数据和信息成为游客决策的关键，

IP的发展促进了旅游业从硬件投资向软件开发转移。未来旅游市场竞争将最终表现为整条产业价值链上的竞争，全力构建一条独特的IP产业链，围绕主题项目运营衍生出前端研发、推广等以及后端餐饮、商业、酒店及其他消费领域的链条是旅游发展核心价值所在。

（二）差异化

IP的核心要素为优质原创内容。旅游IP可以促进产品和服务差异化实现，并且主要通过横向拓展来实现。传统的差异化路径多以纵向市场细分为主，重点用于将某一类用户的需求极致满足，成为细分领域的领头羊。当下环境下，市场供给的极大丰富，纵向细分的差异化效果已经成为用户体验升级的需要，市场空间正在收紧，市场效果逐渐削弱。在这种形势下，IP的横向拓展模式得到了更多关注。IP横向思维的核心是"创造新的需求"，是创造性的思考：通过创新思维，颠覆固有模式，满足更多维度的需求。例如，荷兰鹿特丹的Markthal菜市场颠覆了菜市场脏、乱、差的传统形象，着力打造高颜值、清新整洁的市场，开业不到一周就有100万人千里迢迢来参观，开业一年更吸引800万人流光顾，且在世界范围内报道超过800篇文章，社交媒体刊载过近20000张图片，被喻为"食物界的西斯廷教堂"。如今Markthal不仅是当地居民日常生活消费的地方，更已成为鹿特丹重要的旅游景点。

正是基于横向思维拓展，形成场所的人格化符号与客群精神的高度契合的IP，保证了项目的持久生命力。

（三）产业链打造

旅游IP商业化运营是从独特理念或内容出发，经由创意设计物化为产品或服务，通过营销手段提高品牌认知度，最终实现价值变现。旅游IP品牌效应达到一定规模时，可以通过衍生品、多IP叠加、品牌输出以及异地复制不断凝聚旅游IP规模布局，提高知名度和认可度，形成旅游IP产业链生态圈。旅游IP运营路径主要分为旅游IP品牌塑造和旅游IP规模化扩张两个阶段：第一阶段侧重于挖掘旅游IP热点，聚焦和深挖IP理念/内容，通过策划设计，塑造出个性化的旅游IP产品或服务。对接用户时，借助多种营销手段构建并活跃氛围、烘托场景、创新玩法，满足游客日益提升的旅游需求，形成品牌竞争壁垒；第二阶段基于市场品牌认知度，通过规模化的扩张，延伸旅游业链，创造和获取市场价值。驴妈妈在旅行方式IP创新方面，在全国率先推行"先游后付"。"先游后付"（easy go，easy pay）是驴妈妈针对符合条件的用户提供的一种"先游玩、后付款"的创新型旅游体验。这种旅游体验就是建立在"旅游生态命运共同体"成员之间彼此信任、相互监督、协同发展的基础上的，倒逼整个供应链及导游服务优化。

二、旅游 IP 提升服务质量

发展旅游 IP 利于提炼旅游产品的优质内容，增强旅游产品体系，实现景区盈利增收，提升景区竞争力，促进旅游跨界融合发展，丰富旅游业态，更新 IP 自身产业体系，实现 IP 自身价值。

（一）提升游客体验

对游客而言，旅游 IP 有利于优化游客旅游体验。通过旅游 IP 植入，打造富有鲜明主题性的旅游目的地和优质的旅游产品，满足游客对旅游产品多样化、个性化的需求，进而优化游客体验。"体验经济"时代背景下，游客的消费需求经历着"认知—参与—融入—拥有"的变化，游客偏好具有核心吸引力及主题性的产品，期待在旅游过程中获得身份认同感，而 IP 的强内容力、高排他性，可赋予旅游产品独具特色的个性主题，符合游客个性化、多样化的旅游需求，提升游客游憩体验感，满足游客的情感需求。

（二）提升景区竞争力

对旅游景区而言，旅游 IP 有利于提升景区竞争力。"内容为王"的时代背景下，因行业盲目竞争开发而存在的同质化严重、缺乏主题特色等问题的景区产品难以在市场上脱颖而出，无法吸引游客，造成资源闲置浪费。IP 对旅游行业来讲，无论是对新产品的开发还是现有产品的提升改造，都可协助旅游业快速适应内容为王的时代。旅游 IP 具有强内容力、高排他性和强识别性，利于景区设计独特的产品内容，在后续运营过程中，发挥旅游 IP 的多平台性、可分享性凝聚游客流量，增加游客重游率，提升客单价，提高经济效益；同时，旅游 IP 提升景区的吸引力和用户黏性，利于打造自身的竞争壁垒。

（三）促进行业跨界发展

对旅游行业而言，旅游 IP 有利于促进跨界发展。旅游 IP 促进"旅游+"复合型发展，实现跨界融合，丰富旅游业产品业态。借助旅游 IP 利于塑造旅游产品的竞争核心力，避免旅游行业盲目竞争导致资源闲置，保障旅游业的健康发展。

三、典型旅游 IP 评价及 2018 年度排名

中国旅游研究院和驴妈妈旅游网联合实验室基于驴妈妈旅游网 IP 旅游销售数据、美团等发布数据，综合驴妈妈平台订单量、好评率等指标构建评价模型，数据采集周期为 2017 年 11 月初至 2018 年 11 月初，评价范围是美景、美宿、美行、美购和主题乐园 IP。通过评价分析，得出了 2018 年不同类型 IP 排名。

（一）年度美景 IP TOP 10（见图 5-1）

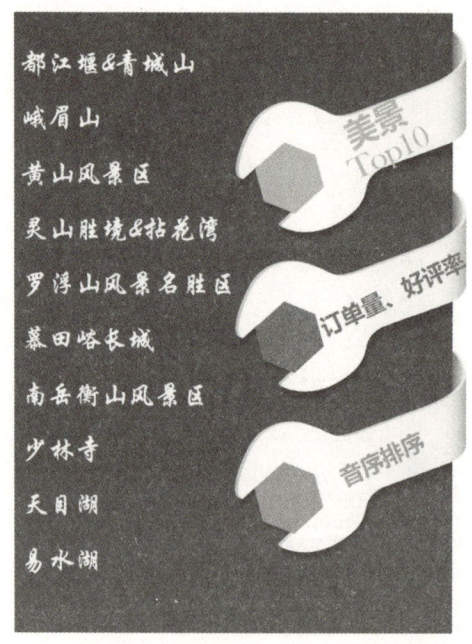

图 5-1　年度美景 IP TOP 10

在旅游革命的背景下，IP 在旅游业的共识已经由是否需要 IP，发展到如何才能打造 IP、让现有 IP 不断创新和发展。旅游 IP 的科技含量、文化含量、故事含量、娱乐性含量都是景区能否吸引人气的决定因素，后续如何开发和维护美誉度是旅游行业下一步摸索的方向。根据驴妈妈旅游网销售数据，综合订单量和好评率，评选出美景 IP TOP 10。分别为：都江堰&青城山、峨眉山、黄山风景区、灵山胜境&拈花湾、罗浮山风景名胜区、慕田峪长城、南岳衡山风景区、少林寺、天目湖、易水湖（按音序排序）。

以黄山景区为例，构建由美景 IP 出发的"旅游+"。通过举办高山嘉年华，打破了黄山"只能登山观光，晚上没有活动"的传统印象。除了举办观夜空、高山唱歌、高山夜宵等活动，还特别建造了360°全透明星空帐篷，游客住在帐篷里就能看星星。

（二）年度美宿 IP TOP 10（见图 5-2）

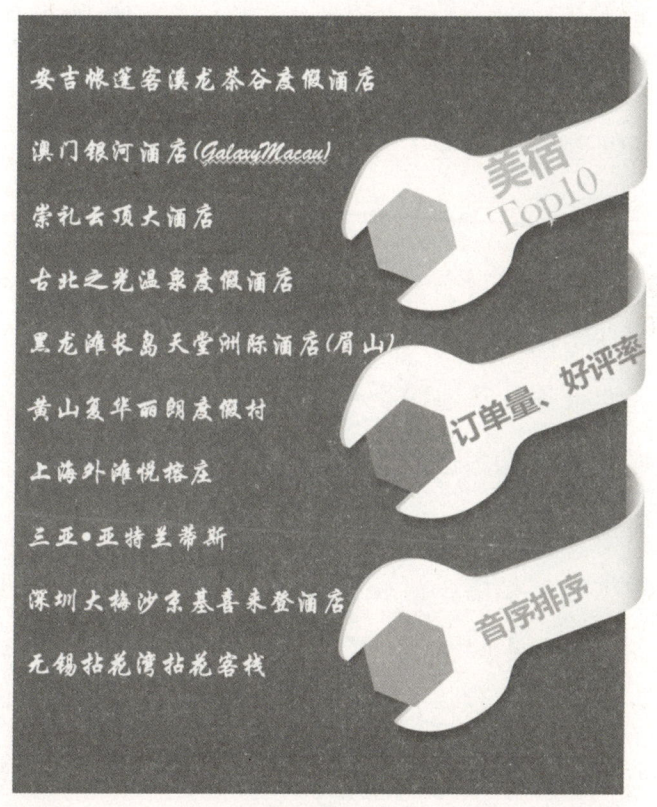

图 5-2　年度美宿 IP TOP 10

根据评价结果，美宿 IP TOP 10 分别为：安吉帐篷客溪龙茶谷度假酒店、澳门银河酒店（GalaxyMacau）、崇礼云顶大酒店、古北之光温泉度假酒店、黑龙滩长岛天堂洲际酒店（眉山）、黄山复华丽朗度假村、上海外滩悦榕庄、三亚·亚特兰蒂斯、深圳大梅沙京基喜来登酒店、无锡拈花湾拈花客栈（按音序排序）。

上述酒店各具特色，但又有共同之处：他们都是基于特定的生活美学形成的住宿空间，重新还原人与人、人与自然之间的交流空间，通过长周期、规模化的专业运作实现顺畅的投资、规划、运营链条，形成美宿产业生态圈。"美宿是一种纯粹的心灵IP，无论是美宿的创造者还是美宿的享受者，都可以将自己的心灵安放在美宿的意境里。"以安吉帐篷客溪龙茶谷度假酒店为例，其开创的"景区+帐篷露营"全新度假模式颠覆了传统的度假理念，组建了特色美食餐饮、景区活动、休闲度假项目组织、户外运动配套、露营基地服务、基地购物平台等各大旅游版块。帐篷客不像其他酒店那般将帐篷搬进酒店客房，而是反其道而行之，将"五星级"酒店搬进了帐篷。一顶帐篷幕天席地，万亩茶园幽芳扑鼻，夜晚在浩瀚星空下私语，清晨在婉转啼鸣中醒来。每一顶帐篷都有一个名字，如扬灵、芳芷、汀州等，皆源自《楚辞》。帐篷客里有专业茶艺师一对一亲授，讲解中华茶道之古法神韵。帐篷客餐饮尤其要盛赞，虽然酒店体量不大，但餐饮做得极其细致。酒店的美食皆取自山谷中的新鲜有机食材，以独特技法烹饪成一桌风味佳肴，让人感受食材本身的安吉味道。

（三）年度美行 IP TOP 10（见图 5-3）

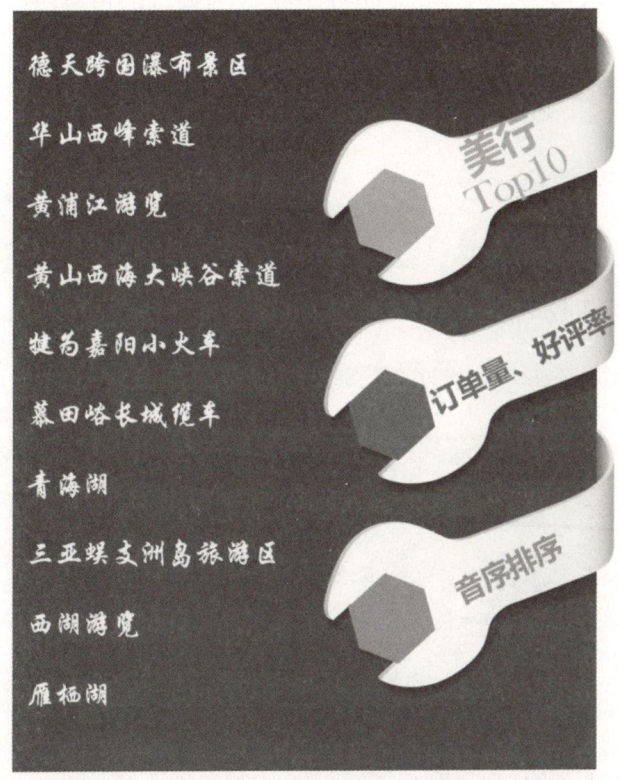

图 5-3　年度美行 IP TOP 10

根据评价模型，评选出年度美行 IP TOP 10 分别为：德天跨国瀑布景区、华山西峰索道、黄浦江游览、黄山西海大峡谷索道、犍为嘉阳小火车、慕田峪长城缆车、青海湖、三亚蜈支洲岛旅游区、西湖游览、雁栖湖（按音序排列）。

中国在自驾游公路 IP 发展方面虽然滞后于美国，但是在 2018 年，关于自驾游和露营的主题活动将进入一个爆发期。IP 植入是 2017 年自驾车、旅居车和露营旅游发展的几个重点集中领域之一。随着自驾游与体育的融合，大型汽车运动赛事将成为耀眼的自驾游标的。

（四）年度美购 IP TOP 10（见图 5-4）

根据评价模型，评选出美购 IP TOP 10 分别为：重庆（永川）国际茶文化旅游节、故宫文创、华山"华+"文创、上海迪士尼、上海奕欧来购物村、丝绸之路国际旅游节、天津佛罗伦萨小镇、西塘国际文化旅游节、厦门大嶝岛、厦门鼓浪屿（按音序排列）。

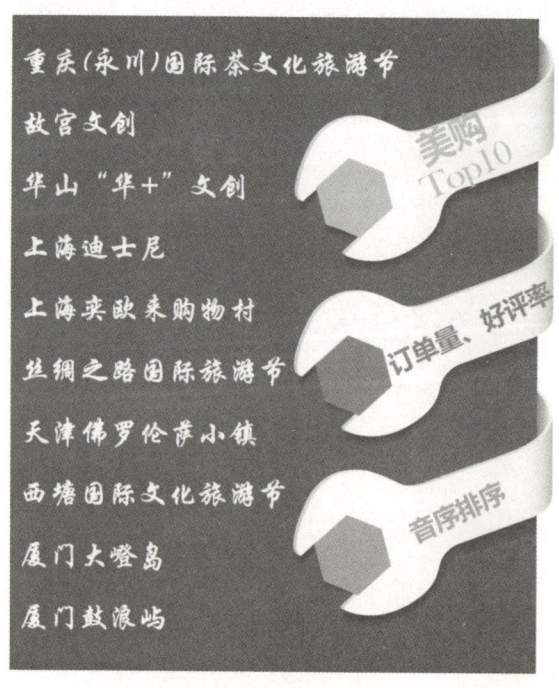

图 5-4　年度美购 IP TOP 10

移动互联时代，新技术与新应用让互联网回归到个体的尺度。

游戏、打赏、直播、电商、会员、众筹、广告,只要有人的交互度和黏性,商业模式就会被反复打开。一切运营都是基于"人"的用户运营,吸引流量的本质就是吸引人。物质丰盈的时代,消费者缺乏的是情感的应答和温度的感知,产品与人之间的情感链接成为重要的流量入口。好的内容背后是大写的价值观取向,价值观折射出一类人的共同情感需求、成长轨迹、生活方式。基于价值观驱动的人格化 IP 会成为潜意识里最直接的吸引路径。

（五）主题公园 IP TOP 10（见图 5-5）

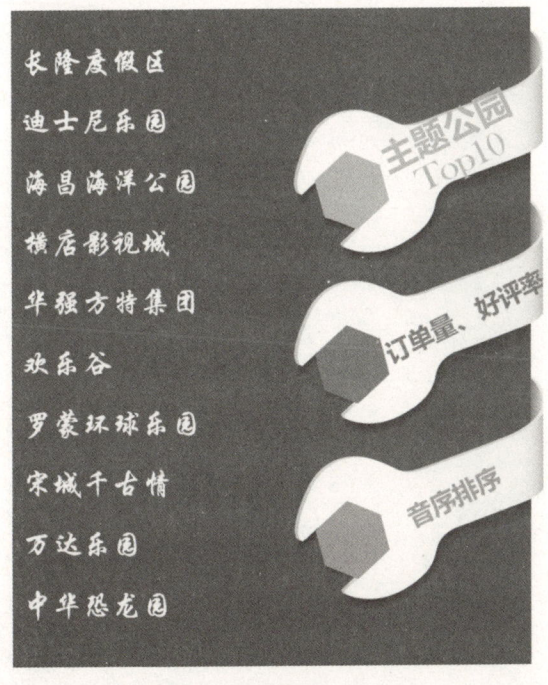

图 5-5　主题公园 IP TOP 10

根据评价模型，评选主题公园 IP TOP 10 分别为：长隆度假区、迪士尼乐园、海昌海洋公园、横店影视城、华强方特集团、欢乐谷、罗蒙环球乐园、宋城千古情、万达乐园、中华恐龙园（按音序排列）。

第六章

旅游 IP 发展展望

一、旅游 IP 持续创新需求旺盛

大众旅游时代兴起，旅游界将 IP 概念引进旅游业，依托显著识别功能的旅游景观和旅游服务特征，将 IP 作为对某一旅游目的地的形象认知方式，赋予旅游目的地独特的性格特点，从旅游产品创新、全域旅游营销、新媒体推介、衍生品开发、粉丝互动等多样化延伸途径，令旅游产品的形象有了更具体、更有生命力的体现。旅游 IP 的出现与持续创新，使得旅游从物以类聚的跟团游时代进化为人以群分的全域化、全景化、全时化的大众游时代，以定制化、差异化、特色化重塑地区旅游价值。

未来，在新一轮旅游发展浪潮中，"旅游+"与产业融合发展的理念将继续大行其道，秉承协调、创新、绿色、开放、共享五大理念，结合国家全域旅游发展战略，都需要旅游超级 IP 的软硬件支撑与持续创新支撑。推进旅游与产业融合创新机制建设，深化文化创意与多产业融合发展，促进全域化、规模化、特色化开发旅游产品，深入实施 IP 带动工程，依靠文化科技和创意设计，提升企业产品的文化内涵和附加值，提高区域旅游业核心竞争力，培育旅游新业态、新产品，形成大旅游业格局，都需要旅游 IP 的持续创新与发展支撑。

二、旅游 IP 运营管理不断规范

（一）旅游 IP 授权与维权

我国的 IP 经济仍处于初级阶段，IP 授权及维权体系尚不健全，未来将在政策法规、行业规范、企业自律等方面不断完善。旅游 IP 的授权方面，从授权方角度来看，在授权特别是多次授权环节，应根据不同代理方的开发类型、推出时间、推出顺序等不同情况，分层次、有针对性地授权，保证授权合规有序进行，通过差异化营运使 IP 的价值最大化。从 IP 获取方来说，除了做到依法合规取得授权之外，也要重视自身产权保护。在大力推进 IP 开发、布局的同时，还需要重视维权，对于涉及的著作权、商标权、专利权和商业秘密等都需要加大力度保护。

旅游 IP 的权益保护方面，同样可以借鉴迪士尼的经验。首先，迪士尼对全产业链进行 IP 保护。迪士尼将经典动画形象衍生为电影、电视、各种产品、主题公园等一系列相关产品，触角蔓延制造业、服务业等众多产业链，权益保护首先依靠的就是版权，包括动画形象、动画形象演绎作品（漫画、音乐电影等）、电影配乐等，剧中人物装扮、服装、道具、舞台场景、灯光，以及后期的音像制品、图书等各个环节涉及的版权，还包括针对电影或舞台剧编剧、摄影师、音乐制作者、演员等人的版权管理和授权。

其次，通过不断改良重要动漫动画人物的形象进行保护。以"米老鼠"动漫形象为例，迪士尼及其授权公司每几年都会推出新的"米老鼠"动漫作品，即使最早一批"米老鼠"的版权即将过期，但是新版本的米老鼠仍受到法律保护。最后，利用商标等多种手段进行保护，迪士尼及其关联公司为了最大限度地保护重要人物形象的权利，还不惜重金进行商标注册。据初步检索，迪士尼在中国的注册商标（含申请中的商标）就有2000多个，对"米老鼠"申请了全类商标注册保护，这有效保护了迪士尼的合法权益。在这样看似极端的知识产权保护下，迪士尼有效保证了主题公园的收入来源。以东京迪士尼为例，迪士尼集团每年从东京迪士尼获得10%许可权收益，食品和产品销售收入的5%，以及作为共同赞助者的10%，累计知识产权直接受益占到总收益的38%。

正是迪士尼对原创开发的重视、对原创作品完善的知识产权保护逐步构建了今天全产业链传媒娱乐帝国，我国的 IP 保护在投入商业化、版权保护、许可经营方面也需尽早布局，紧追知识产权大国的脚步。通过保障主题公园的 IP 权益，可以有效规避和减少违法违规的抄袭、模仿，保证自有创意和产品的独立性和特殊性，进而保证主题公园内 IP 带来经济效益的稳定性。同时，通过对全产业链的 IP 保护，依靠巩固和扩大特许经营范围，同样可以获得丰厚的收入。

（二）旅游 IP 的长效运营

IP 经济的核心是寻求商业变现，它的商业模式主要是在获取具备大量粉丝群体的大热 IP 后，对其进行系列改编，快速跨界进入影视、动漫、游戏、周边等不同领域，然后依靠同 IP 源下不同产品吸引粉丝购买变现，实现多元化的变现。目前，旅游 IP 的产品形态相对单一，很多投资者追求短期价值，IP 难以沉淀，缺乏长久生命力。未来，旅游 IP 的长期价值将得到进一步的开发。旅游 IP 需要在资源整合、多形态研发利用层面加大投入，从线上到线下进行关联延展，实现多元融合发展。IP 是能够产生足够大商业价值和文化价值的知识产权，从线上到线下持久、稳定地产生价值，不会因时间而衰竭。未来对旅游 IP 的开发和再创作可以产生跨年龄、跨代际、跨地域、跨行业的影响力，优质的旅游 IP 应该有影响力、有价值、有长尾效应。

三、旅游 IP 的跨界融合创新持续发力

未来，旅游 IP 在跨界融合方面继续向深度和广度领域继续发展。目前，旅游已经与多个行业、多个细分领域进行交流合作，推进跨界融合，未来旅游 IP 的触角还将继续扩大，在泛娱乐行业甚至是全商业领域进行合作。旅游 IP 的跨界融合将在融合深度和

融合效果方面不断提升。旅游 IP 的跨界需要建立在调研可行、评估合理、方案可落实、收益可计量的前提下。有效的跨界融合应当是提升旅游 IP 的价值，只有这样 IP 才能不断发扬壮大，有历史的沉淀和更多的基础。

四、要坚持有理性、有温度、有品质的旅游 IP 创新

创新首先要有技术理性。创新不是炫技，不仅要了解和掌握产业的发展方向，分析和吃透游客的需求，也要评估创新活动的投入和产出。每一个技术创新只有符合社会发展方向、满足市场需求，才能形成有效的技术壁垒，形成企业的核心竞争力，才能在全球旅游业分工中占据有利位置。其次是创新要有人文情怀。无论技术创新、制度创新、管理创新，还是协同创新、融合创新、流程再造，我们要坚持以人的发展为中心的旅游业创新理念。事实上，无论是苹果、谷歌、微软，还是携程、途家、美团，其技术创新和商业模式创新无不是围绕解决以人为中心的需求痛点而展开的。创新还要坚持品质导向。当前我国旅游消费需求有明显的品质化方向发展的迹象，游客消费从"有没有"向"好不好"转变，旅游发展正在迎来新的黄金时代。在此背景之下，以科技和创新的发展动能，创新活动要向为游客提供更加便利、更高品质的服务和产品方向发展。

爱因斯坦说:"若无某种大胆的猜想,一般不可能有知识的进展。"我们需要去营造良好的创新发展环境。要加大技术创新投入,设立专项旅游创业创新基金,鼓励旅游及相关企业自设或者与科研机构合作设立研发部门,推动建立以企业为主体的创新格局。要净化形成良好的创新生态,通过提供好的创新公共服务,给专业人才营造能吸引人、留住人、成就人的发展环境和能大胆猜想的研究氛围。要重视大数据技术的应用,把数据作为底层器件和战略资源用足、用好。总之,一切创新活动的起点是以人的发展为中心的理念。

项目策划：段向民
责任编辑：王　颖
责任印制：谢　雨
封面设计：中文天地

图书在版编目（CIP）数据

中国旅游业创新和IP发展年度报告．2018 / 中国旅游研究院，驴妈妈旅游网编著． -- 北京：中国旅游出版社，2018.12

ISBN 978-7-5032-6186-2

Ⅰ．①中… Ⅱ．①中… ②驴… Ⅲ．①旅游业发展－研究报告－中国－2018②旅游业－网络营销－研究报告－中国－2018 Ⅳ．①F592

中国版本图书馆CIP数据核字(2019)第004024号

书　　名：	中国旅游业创新和 IP 发展年度报告（2018）
作　　者：	中国旅游研究院　驴妈妈旅游网　编著
出版发行：	中国旅游出版社
	（北京建国门内大街甲 9 号　邮编：100005）
	http://www.cttp.net.cn　E-mail:cttp@mct.gov.cn
	营销中心电话：010-85166503
排　　版：	北京旅教文化传播有限公司
经　　销：	全国各地新华书店
印　　刷：	北京工商事务印刷有限公司
版　　次：	2018 年 12 月第 1 版　2018 年 12 月第 1 次印刷
开　　本：	720 毫米 ×970 毫米　1/16
印　　张：	7.25
字　　数：	64 千
定　　价：	49.80 元
ISBN	978-7-5032-6186-2

版权所有　翻印必究

如发现质量问题，请直接与营销中心联系调换